业务架构解构与实践

王旭东 魏炜 等 编著

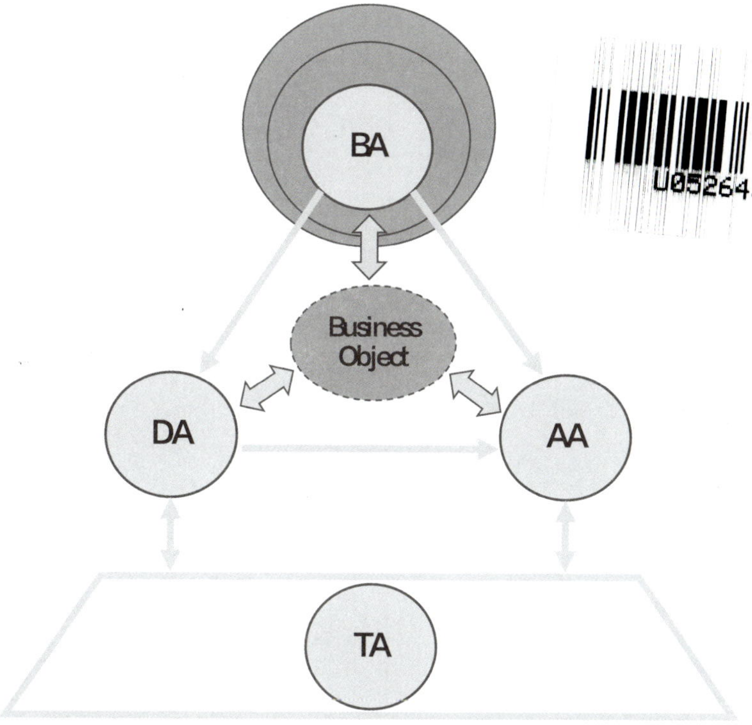

電子工業出版社
Publishing House of Electronics Industry
北京•BEIJING

内 容 简 介

这是一部介绍业务架构知识体系与实践落地的著作，逻辑清晰、通俗易懂。

本书首先在架构总述部分分别介绍了企业架构、业务架构的发展历程及主流知识体系。紧接着围绕"价值流+业务能力"这套业务架构体系进行基础性介绍，涉及 4 大核心要素和 6 大扩展要素。然后通过业务架构进阶部分，进一步梳理业务架构 4 大核心要素的配合关系，进而考虑核心要素与扩展要素的整体协同，再深入探讨业务架构与其他架构的协作关系。本书第四和第五部分介绍了业务架构落地及实践相关内容，让读者能够了解业务架构的核心交付物，以及业务架构与 DDD 如何协同落地，并提供了多个企业业务架构实践案例供读者参考。

本书先由浅入深地对业务架构进行解构，然后从不同角度给出多个企业实践案例，适合不同层次的阅读对象。本书对业务高层、CIO/CDO 高层、战略规划人员、企业架构师、业务架构师、数据架构师、应用架构师、产品经理、项目经理、Scrum Master、IT 人员、HR 招聘人员、咨询实施顾问，以及对企业架构、业务架构感兴趣的爱好者、学习者都会有所启发。

图书在版编目（CIP）数据

业务架构解构与实践 / 王旭东等编著. —北京：电子工业出版社，2022.5

ISBN 978-7-121-43381-8

Ⅰ. ①业… Ⅱ. ①王… Ⅲ. ①企业管理－计算机管理系统－研究 Ⅳ. ①F272.7

中国版本图书馆 CIP 数据核字（2022）第 073624 号

责任编辑：李秀梅
印　　刷：三河市君旺印务有限公司
装　　订：三河市君旺印务有限公司
出版发行：电子工业出版社
　　　　　北京市海淀区万寿路 173 信箱　　　邮编：100036
开　　本：787×980　1/16　　印张：14　　字数：268.8 千字
版　　次：2022 年 5 月第 1 版
印　　次：2022 年 5 月第 1 次印刷
定　　价：79.00 元

凡所购买电子工业出版社图书有缺损问题，请向购买书店调换。若书店售缺，请与本社发行部联系，联系及邮购电话：（010）88254888，88258888。

质量投诉请发邮件至 zlts@phei.com.cn，盗版侵权举报请发邮件至 dbqq@phei.com.cn。

本书咨询联系方式：010-51260888-819，faq@phei.com.cn。

作 者 简 介

【王旭东】清华大学自动化控制工程硕士，服务过多家世界 500 强企业，有近 20 年中软、联想、华为等内部或外部信息化、数字化项目经历。从顶层规划设计到业务流程变革再到数据产品业务赋能，都有丰富的实战及操盘经验。积极探索企业架构、业务架构、数据治理等的落地实践，并热衷于融合国内外优秀知识体系推动企业架构在国内的交流、发展和应用，与周金根老师共同创立了企业架构 EAGC 社群，为国内企业架构爱好者搭建了共创交流平台。

【魏炜】武汉大学计算机软件硕士，从事企业信息化工作 18 年，曾任职于深圳航空、华润、华为、万科等行业头部企业。在数字化转型、企业架构、IT 战略规划、项目管理、信息系统建设方面具有较为丰富的经验。曾主持大型企业“十二五”和“十三五”信息化规划及年度商业计划，曾担任企业架构师，负责架构治理及 4A 架构在战略项目中的拉通设计，并具有创建和管理架构与规划团队的经验，对业务架构及 IT 架构有深刻认知。

【罗飞】华中科技大学工业工程硕士，作为数字化领域的探路者，在华为等头部企业进行长期探索。具有 13 年以上华为数字化实践经验，曾担任数字主线 LinkX 产品经理及全球性产品数字化组织 Prostep iViP 的华为代表。

【徐振轩】毕业于哈尔滨工业大学，曾担任用友战略管理产品的架构设计工作，擅长通过跨系统规划实现企业战略规划和执行。有多年创业经历，在 EA 方法论与企业管理实践结合方面，积累了诸多成功案例。重点研究领域：国内中小型企业的企业架构实践。

【路希】拥有电气技术、计算机科学技术和 MBA 学位，20 年制造业工作经历，先后在日企、港企、欧美企业、民企任 ME、DQE、PIE、IT、CIO、COO、集团运营副总经理等职务，并在多家企业担任常年顾问。长期研究企业架构、业务架构、系统工程等先进学科和实践应用，解决企业实际问题，擅长运用信息化、数字化技术手段驱动企业管理绩效的改善和提升。

推荐语

（按推荐人姓名拼音顺序，排名不分先后）

==

在 2020 年的企业架构大会上，我第一次听王旭东老师分享业务架构相关内容时就被深深打动，他通过一个酒店服务示例，把价值流、业务能力、业务流程、业务对象等比较抽象模糊的概念通俗易懂地呈现给大家。

近期有幸看到这本业务架构专著，让我更为惊喜。这本书秉持深入浅出的理念，从业务架构的演进历程出发，清晰生动地阐述了业务架构的核心/扩展元素概念及其相互配合关系、业务架构与其他架构的协同关系，进而结合今天软件工程实践中广为流行的 DDD 方法，给出了让业务架构既能在企业级大处着眼，又能在领域级局部着手的解决之道，并提供了多家企业的业务架构实践案例。遍览全书，这确实是一本业务与 IT 人员学习业务架构知识、体系化掌握业务架构方法的好书！

——白靖　北京优锘科技有限公司 EA 事业部总监

==

企业的数字化转型，本质是业务的数字化，而业务架构就是用标准化、结构化的方法和语言来描述企业的整个业务。本书是一本难得的、通俗易懂的关于业务架构设计的图书，它用平实的语言、清晰的表述，并结合实践案例，将业务架构设计的相关知识娓娓道来。

如果你想学习业务架构设计，但总被那些宏大庞杂的企业架构和业务架构标准体系弄得不知如何下手，那么这本书就是你应该拥有的第一本业务架构设计图书。

——曹严明 领驭框架（北京）软件有限公司总经理

==

我对架构的学习、摸索和实践，已有十年出头。这期间，我有幸能在航空、供应链、国际贸易、电商、物业等领域进行架构的实践、探索和迭代。这本专注讲解业务架构和实践经验的书，对于身处传统行业升维产业互联网的企业管理层和架构师们，无疑是雪中送炭。

很多传统企业，发展到一定阶段后，大概率会选择“多元化”战略，这时却容易出现“顾此失彼”的现象，其中的关键要素有三：价值、流程、技术。企业管理层和架构师们，基于业务架构方法论，要自上而下地将企业战略进行多元业务解构，抓住核心客户价值，以流程梳理和再造的变革手段，提炼出具备核心竞争力的数字化、智慧化产品。

这其中的关键路径与实现方式，在这本书中都有详细的介绍和案例分享，感谢为本书内容做出贡献的人们。

——崔超 万物云空间科技战略架构师

==

数字经济动能释放提升，企业数字化转型加速，业务架构将面临极大的挑战，如何能够在变化中抓住业务本质，识别出业务的核心能力，重塑价值流，提升企业核心竞争力呢？作者凭借深厚的企业架构理论知识和经验沉淀，结合长期的实践探索，以宽广的视角深入浅出地对价值流、业务能力等进行了解构，以不变应万变，精准地将业务架构与 DDD 有机结合，实现了从战略到业务设计，再到微服务的贯通，使业务架构能够平滑地落地，赋能企业的数字化转型。

企业架构是一个庞大的体系，涉及从业务、应用、数据到技术的方方面面。这当中，业务架构是最难实施与见效的一项工作，而这本书可以说是解决架构同行困惑的一剂良药。对于正在或将要推动企业数字化转型的CIO、总监、架构师们，这本书可以为您提供可落地的案例参考。强烈建议从事相关工作的人认真学习研究这本书，这本书对企业架构工作具有很强的指导性。

——董永放　晶科能源架构规划负责人

==

数字经济时代，关于数字化转型的探讨和实践，一直方兴未艾。在数字化转型的浪潮中，对业务架构的梳理和设计，在某种意义上成为转型成功的关键。

业务架构上承企业战略、业务战略，下启IT战略、IT架构；同时，它也是结构化业务模式、业务重组分析、业务诊断优化的有效工具。

这本书从概念到要素，从设计到落地，从理论到实践，深入浅出，抛开复杂、晦涩的概念，结合经典易懂的示例、流程，展示了业务架构的全景。毫无疑问，这本书是业务架构领域中难得的佳作。

——黄平息 广东怀远物流实业有限公司总经理助理兼CIO

==

随着各行各业数字化转型趋势的确定，企业架构设计方法论逐渐成为每位软件从业者的必修课。业务架构是企业架构设计的龙头，也是企业数字化转型能否成功的关键所在。但遗憾的是，目前业务架构设计方法论的学习材料还是以英文为主，介绍业务架构的中文书少之又少，能够系统地介绍业务架构元模型的书可以说几乎没有。这本书的出版无疑填补了这方面中文书的空白！

这本书综合了目前主流的企业架构设计方法论，结合作者多年架构设计经验，提炼总结了较为融合的业务架构元模型，并辅以实际案例帮助读者理解。更值得称道的是，作者对业务架构相关术语的翻译非常严谨，对目前纷繁芜杂、莫衷一是的业务架构概念进行了一次大的梳理，为国内业务架构方法论的推广和发展打下了一定的基础。相信这本书会成为国内业务架构方法论里程碑级的图书！

如果几年前我能看到这样一本书，必然可以节省大量投入在业务架构学习上的宝贵时间。看到这本书的读者可以说是非常幸运的，由衷地为这本书的出版感到高兴！

——黄喆　软件行业老兵，业务架构师，《洞悉敏捷》译者

==

作为一名长期在制造行业工作的 CIO，我一直以来更关注通过技术手段实现业务需求，随着数字化转型的需求越来越迫切，《业务架构解构与实践》的出版恰逢其时。

如书中作者所述："业务架构最关键的交付物可以是一套企业级流程框架体系，也可以是一套企业级业务能力框架体系，或者是业务能力与流程融合而成的一套框架体系。"

本书提出了一套可落地的业务架构体系，能更好地驱动业务与 IT 技术协同落地。此外，还有丰富的实践案例供读者参考。

——温新财 中山诚威科技有限公司 CIO

==

这本书不仅能帮助你领略业务架构给组织带来的价值，还能帮助你在设计业务架构时少走弯路。书中对于业务架构领域的一些常见困惑及问题给出了方法和解答，这也说明了作者在这个领域积累了丰富的实战经验。

不论你是刚刚听说业务架构，还是正准备开始实践，抑或已有些许经验，相信这本书都会给你带来新的启发，常读常新！

——颜婧 埃森哲资深业务架构师，EAGC 敏捷需求小组负责人

==

这本书的几位作者结合多年行业实践经验，系统地梳理了业务架构方法论、架构要素、

落地方法及实践案例，为架构师提供了从方法论到具体业务领域架构实践的完整指南。

时下很多企业正在进行数字化转型，业务架构设计是数字化转型的关键基础。这本书高屋建瓴、深入浅出，是架构师们推进企业数字化转型业务架构实践的必备宝典。

——姚小龙 顺丰集团前助理 CDO

==

这本书将业务架构相关的理论与落地实践进行了有效结合。先是基于“价值流+能力”展开对业务架构相关概念和理论的介绍，然后循序渐进地介绍了业务架构各个要素及其协同关系，作者进而输出了业务架构与数据架构、应用架构、技术架构之间的基本协作关系，以方便读者深入理解主流的4A架构之间的配合关系；之后将业务架构、应用架构通过DDD方法与数据架构结合，做到真正的架构落地，指导性极强；最后通过多个企业的实际案例巩固前面的核心知识点，逻辑清晰、精简易懂、引人深思。

相信不同层次的读者都可以从书中领略业务架构的魅力，并能指导实际工作。

——郑吉敏 去哪儿旅行技术总监，技术委员会委员，业务架构 SIG 负责人

==

我在给不同类型的企业进行业务架构微咨询服务时，主要会从流程驱动或能力驱动为主的两种设计方法中进行选择。书中对这两种方法的核心概念、实践和案例都做了很好的讲解，可以作为业务架构从业者和业务分析师学习业务架构的起点。我把能力作为一个战略元素来看待，这本书也是国内第一本介绍能力元素的图书，希望有更多企业能采纳能力模型来使企业战略落地。

——周金根 北京捷创成咨询首席咨询顾问，企业架构 EAGC 社群主席

==

前　言

为何写作本书

在企业数字化转型方兴未艾之际，为了探索数据如何直接赋能业务，我在推动数据中台过程中于 2018 年开始接手某个数据产品。该产品主要利用数据打造新功能对 To B 业务进行赋能，在我接手之前，该产品团队已经做了两年，每年投入好几百万元，虽然产品功能不少，但该数据产品实际的业务用户使用量很低，一直未获业务方高层认可，团队士气也非常低落。

快速了解、评估现有产品相关功能后，决定放弃原有产品逻辑，重新梳理和设计产品结构及内在逻辑。首先以“单客户 360”作为最小化可行产品（MVP）进行切入，不到半年，业务用户使用量 MAU 增加 5 倍，开始有业务高层（事业部负责人）愿意为我们的数据产品站台。在我们取得速赢、获得初步认可之后，继续快速迭代，设计开发既有创新性又紧贴业务、务实易用的功能（如商机推荐、销售作战地图等），相关数据功能给业务部门带来收入增量近 1 亿元。产品团队相继获得了业务侧及 IT 侧的 VP 奖项，团队士气大大提升，我个人也获得了集团 CIO 奖项（CIO Champion Award）。

在高层领导的建议下，我尝试进行梳理和总结，提炼背后有哪些关键成功要素，有哪些要素是有可能复制和推广的。在分析和梳理的过程中，我发现，在国内从 20 世纪 90 年代开始的 20 年左右的信息化历程中，往往是业务人员提出明确业务需求和解决方案，由

IT 人员进行实施，从“线下”搬到“线上”，这个过程中培养了很多懂应用架构、技术架构的 IT 人才，但真正“懂业务”“懂数据”的人很少。

大约在 5～10 年前，国内头部的一些企业开始探索数字化转型，惯性使然，有很多企业的数字化转型项目或数字化产品是由信息化部门牵头负责的。相关的 IT 人才在应用架构、技术架构方面有较深的积累，但对业务、对数据的认知广度及深度较为有限，设计开发出来的数字化系统或产品，往往是“IT 自嗨”得不行、实际业务赋能效果并不好、业务方认可度不高，我们的这个数据产品，前期基本上就处于这么一种状态。相对而言，我在 IT 侧、业务侧都工作过很长时间，对业务、对数据有一定深度的认知，这非常有助于提升企业数字化产品的操盘成功概率。而对于“懂业务”“懂数据”这两个要素，“懂业务”是前提和基础。

形成了这个基本判断以后，接下来要考虑的便是如何才能让有 IT 背景的人员快速了解业务、对企业基本运作快速形成认知。

如果市面上能有一套主流的成熟知识体系来介绍业务架构相关内容，那我们直接导入或借鉴就可以了。但现实情况是，在企业架构领域的研究，国内远远落后于国际，尤其在业务架构这个细分领域。而国际上虽有多套知识体系（如 BIZBOK、O-BA、ODBA 等），但仍在发展，尚未完全形成具有主导性的成熟体系及落地方法论。相对而言，国内专门介绍业务架构的书很少，尤其是把业务架构作为一个细分领域进行体系化梳理和解构的入门书更少。

这就意味着国内人员要想把业务架构搞清楚，我们一方面要甘当学生，吸收和借鉴国际上多套知识体系，另一方面在借鉴各套知识体系的同时，需要有一定的独立判断、分析梳理和统筹融合能力。在此过程中，需要适当结合自身实践经验尝试去解读和梳理一系列问题：企业架构是什么？业务架构和企业架构之间是什么关系？业务架构和常常听到的数据架构、应用架构、技术架构之间是什么关系？业务架构自身包含哪些要素、这些要素之间又如何协同落地？等等。

国内有很多同人都在这方面进行着探索，对于研究过架构的朋友，相信在初期都会有一种体会：这是一个庞大而纷繁芜杂的学科。我们在学习研究过程中会接触到各种相关知识体系，如 Zachman、TOGAF、FEA、DoDAF、BIZBOK、O-BA、ODBA 等，每个体系都有自身的一套方法，并涉及一大堆英文术语，与此同时，国内不同人员在研究过程中可能会基于自己的理解翻译或衍生出不同版本的中文术语。要想把这么多知识体系及术语大体梳理清楚并形成基本自洽、可指导实践的整体逻辑，对相关人员的英文水平、对业务及 IT 的认知水平及可投入的时间和精力水平等都有较高的要求，对大多数人而言，这是一个比较大的挑战，也是一个比较艰辛的过程。

经过若干年研究梳理后，我有了一定的积累并尝试总结和分享。很高兴能在 EAGC 企业架构社群遇到一些志同道合的朋友（魏炜、罗飞、徐振轩、路希等），我们每个人都有 15 年以上的信息化和数字化相关实践经验，有的是企业的 IT 高层、企业架构负责人，有的是咨询公司合伙人，也有的是企业负责人，大家一起加入、共同探索。希望我们所梳理总结的这本书，可以作为铺路石，能给业务架构的爱好者带来一些帮助，为推动业务架构在国内的发展和应用，尽微薄之力。

本书主要特点

实事求是地说，在企业架构、业务架构方面，国内的认知水平与国际的有很大的差距，尤其是理论体系方面。本书尝试借鉴国际先进的理论知识体系，融合国内的具体实践，力图在下述 3 方面进行探索，并期望能给读者带来一些有价值的参考。

1. 国际视野，洋为中用：对于业务架构这一新兴学科，甘当学生、积极吸收和消化国际相关主流知识体系的亮点，并对多套知识体系进行融合。

2. 全面剖析，由浅入深：通过业务解构，让读者在了解业务核心元素及扩展元素的过程中有机会对“企业业务”形成整体初步认知；进而通过对“业务架构进阶”的剖析来加深对业务架构的理解。

3. 落地探索，创新实践：积极探索创新并梳理出业务架构基础落地方法论，同时给出多家企业的具体实践案例，方便读者借鉴相关落地方法论及案例，循序渐进地探索和推进本企业的业务架构落地事宜。

本书读者对象

这是一本关于业务架构的书，不同部分适合不同层次的阅读对象，主要有下面几类：

- 数字化转型相关高层企业管理者（业务高层、CIO/CDO 高层）；
- 战略规划人员、业务变革专家、业务架构师、企业架构师；
- 信息化、数字化相关部门经理、产品经理、项目经理、Scrum Master；
- 经营分析人员、需求分析师、数据分析师、数据架构师、应用架构师；
- 希望了解业务的 IT 人员；
- HR 招聘人员、架构培训师、咨询实施顾问；
- 对业务架构、企业架构感兴趣的爱好者、学习者。

本书内容

本书共 12 章，分为 5 个部分，并提供了附录（业务架构常用术语中英文对照参考表）。

第一部分　架构总述（第 1、2 章）

本部分包括两章，先说明业务架构是企业架构的组成部分，在第 1 章中介绍企业架构的概念及发展历程，会对 4 大主流企业架构框架进行简介。然后在第 2 章中介绍业务架构的概念及发展历程。通过这两章的介绍，读者可以快速了解企业架构、业务架构的发展历程及主流框架体系。

第二部分　业务架构基础知识（第 3、4 章）

本部分会围绕“价值流+业务能力”这套业务架构体系进行基础性介绍。先在第 3 章中介绍业务架构的 4 个核心要素（价值流、能力、信息、组织），然后在第 4 章中介绍业务架构的 6 个扩展要素（战略、利益相关者、产品、举措、政策、指标）。基于本部分的介绍，读者可以对 10 大业务要素形成基本认知。

第三部分　业务架构进阶（第 5～7 章）

有了第二部分的铺垫之后，我们在第三部分通过“贯通和剖析”来加深对业务架构自身及周边要素的全面理解。

- **先掌握业务架构核心要素间的配合关系**：业务架构核心要素是我们掌握和应用这套知识体系的关键所在，我们会围绕“价值流”“业务能力”“信息”“组织”这 4 个核心要素并结合“流程”分析和梳理这些核心要素之间如何有效协同。
- **再探讨业务架构核心要素与扩展要素的整体协同**：在理解核心要素配合关系的基础上进一步关联其他扩展要素（如战略、利益相关者、产品、举措等），形成业务架构核心要素与扩展要素整体协同视图。
- **最后深入探讨业务架构与其他架构的关系**：在企业架构中，除了业务架构，还包含其他架构（如数据架构、应用架构、技术架构等）。在掌握业务架构内部要素之间的关系后，我们需要进一步了解业务架构与其他架构的关系。

第四部分　业务架构落地（第 8、9 章）

本书从第四部分开始介绍业务架构落地及实践相关的内容，一些实践探索会在本部分介绍，更多的实践内容会在第五部分进行展现。

第四部分包括两章，先通过第 8 章介绍业务架构的关键交付物：业务架构涉及的要素很多，最核心的交付物是企业级的流程框架体系或企业级业务能力框架体系。然后在第 9 章中介绍业务架构与 DDD（领域驱动设计）的协同落地：业务架构的交付物输出以后，会面临如何具体落地的问题。DDD 体系可以和业务架构体系形成优势互补、协同落地。

第五部分　业务架构实践案例（第 10～12 章）

本部分分别从不同角度介绍 3 个企业的具体实践案例，希望能给各位读者带来一些参考或启发。

1. K 公司实践案例：本案例主要围绕“价值链+流程”，在不考虑 IT 要素的情况下进行业务架构梳理及业务调整。

2. V 公司实践案例：本案例以“价值链+流程”为主，部分融合了业务能力，从 V 公司面临的挑战，到启动业务架构设计，再到业务架构落地，进行了较完整的介绍。

3. T 公司实践案例：本案例主要涉及供应链领域，强调企业在不同的发展时期、不同的周边环境下，需要对相关业务架构进行动态调整以确保符合业务发展需要。

附录 A　业务架构常用术语中英文对照参考表

在业务架构领域，国外的理论体系发展较早。在学习国外相关知识体系的过程中，会涉及中英文术语翻译的问题。国内不同人员在研究业务架构的过程中，可能会基于自己的理解翻译或衍生出不同的中文术语，这可能会给读者带来一定的困扰。本书整理出了业务架构常用术语中英文对照参考表，方便大家参考、适当统一语言以便于沟通。后续会根据需要，持续补充和完善该对照参考表。

勘误

由于作者水平有限，加上业务架构这门学科仍在发展和完善过程中，书中难免会有错误和疏漏之处，在此恳请读者批评指正。如果读者有相关宝贵意见或建议，欢迎发送邮件至 eabook2020@163.com。本书的部分资源可在微信公众号“企业架构 EAGC”上获得。

致谢

感谢企业架构 EAGC 社群，让我有机会结识魏炜、罗飞、徐振轩、路希 4 位老师，我们在业务架构方向上相互交流、共同探索。

非常感谢 4 位老师甘当铺路石，积极参与本书的编写！魏炜主要负责第 11 章，提供了 V 公司的实践案例，同时部分参与了第 2 章的编写。罗飞主要负责第 9 章业务架构与 DDD 的协同落地。徐振轩负责第 10 章，提供了 K 公司实践案例。路希负责第 12 章，提供了 T 公司的实践案例。国内的业务架构图书较为稀缺，感谢你们的参与和支持，让这本书的内容更丰富并更早面世！

感谢周金根、金毅、傅盛、郭宏、林奎等老师参与业务架构常用术语中英文对照参考表部分的梳理并给出反馈指导。此外，郭宏老师帮忙完成了部分内容的审稿并提出了很好的参考建议。

感谢电子工业出版社博文视点公司编辑董英老师、李秀梅老师和美编吴海燕老师，在整个写作过程中，你们提供了大量的帮助和支持，尤其是李秀梅老师全程跟进、指导我们顺利完成本书！

最后，感谢我的家人，这本书的出版离不开你们的理解和支持！

王旭东

读者服务

目　　录

第三部分　业务架构进阶

第五部分　业务架构实践案例

第一部分　架构总述

近些年随着数字化转型在国内的日益推广和深入，越来越多的企业开始关注企业架构和业务架构。从业者或兴趣爱好者们在接触各种企业架构、业务架构文章或图书的过程中，会发现企业架构、业务架构的知识体系很多，各种概念和术语很多，各种体系和概念交织在一起，容易让普通读者产生复杂而凌乱的感觉。尤其是在缺乏中英文术语对照参考表的情况下，国内的不同人员在写文章时往往按照各自理解把同一个英文术语翻译成不同的中文名称，同时又很少提供英文原文内容或注明原文出处，更加容易给读者造成困惑……

企业架构是什么？业务架构是什么？企业架构和业务架构是什么关系？我们希望先让大家对这些基本概念、相互关系有一个基本的了解，然后逐步展开介绍业务架构的具体内容。

第一部分主要涉及两方面内容：

- 第 1 章，企业架构的概念及发展历程简述；
- 第 2 章，业务架构的概念及发展历程简述。

1

第 1 章 企业架构的概念及发展历程简述

随着各行各业对数字化的逐步重视，大家经常会听到各种新名称、新术语，这些新的名称和术语分别代表什么、与其他要素如何配合，对很多人造成了不同程度的困扰。很多人都希望能先有一个总体概念，了解业务架构处在什么位置、与其他架构如何配合等。

从大的方面来说，国际主流知识体系，**普遍认为“业务架构”是“企业架构”的一部分**。所以在深入了解业务架构之前，我们首先需要了解一下企业架构的基本情况。企业架构的英文是 Enterprise Architecture，往往简称为 EA。

本章涉及的主要内容有：

- 企业架构的概念；
- 企业架构的作用；
- 全球企业架构发展的时间轴；
- 4 大主流架构框架简介之 Zachman；
- 4 大主流架构框架简介之 TOGAF；

- 4 大主流架构框架简介之 DoDAF；
- 4 大主流架构框架简介之 FEA。

1.1 企业架构的概念和作用

不同人对企业架构的定义和作用有不同的理解，希望读者通过下面的介绍，对相关定义和作用形成基本的了解和共识。

1.1.1 企业架构的概念

顾名思义，“企业架构”是“企业”的“架构”，我们需要分别了解“企业”和“架构”的定义。

1. 企业的定义

这里的“企业”，是指具有一系列共同目标的任何组织的集合。

- 可以是整个集团公司或政府机构。
- 可以是某个子公司或事业部。

2. 架构的定义

关于“架构”，ISO/IEC 42010：2011 给出了定义：一个系统在其环境中的基本概念或属性，体现在其元素、关系及其设计和演化的原则中。架构主要包含 3 个组成部分，如图 1-1 所示。

ISO/IEC 所给出的上述定义便于理解，已经被广泛接受和使用。通过图 1-1，可以简单直观地了解架构的 3 个主要组成部分，满足这 3 个部分的框架体系可视为架构。

图 1-1　架构的定义

延展： ISO/IEC 所给出的这个定义，不仅仅适用于本书所探讨的“企业架构”“业务架构”，我们在思考和解构任何“复杂系统”时，都可以参考。

1.1.2　企业架构的作用

为方便理解企业架构的作用，我们可以先了解一下“架构”在一个“企业”里的大体位置和角色，然后结合业务实践给出一些参考。

1. 架构的位置

图 1-2 是业内关于架构比较有共识的一个示意图[①]。在图中，架构处于中间的位置。简单来讲，它扮演了一个“承上启下”的角色。

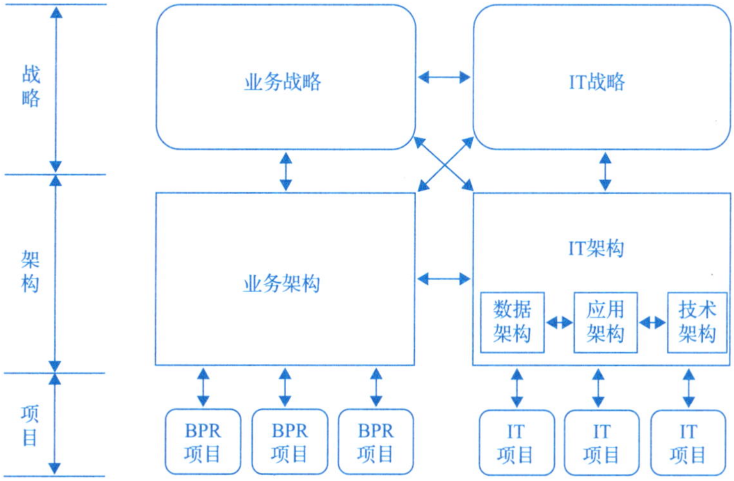

图 1-2　架构的位置及角色

[①] 刘云峰，刘继承. 集团企业 IT 架构治理实践[M]. 北京：清华大学出版社，2014.

2. 企业架构的作用

基于上图示意的位置和角色，结合企业实践，我们给出企业架构的参考作用：

- 架构是从战略到项目落地的桥梁；
- 架构是 IT 与业务对齐的关键；
- 企业架构是企业整体能力建设的基础；
- 企业架构是 IT 规划的核心；
- 企业架构是整合信息孤岛、沉淀企业级数据资产的利器；
- 企业架构能有效指导 IT 治理与管控、减少 IT 重复投资；
- 企业架构是数字化转型顶层规划设计的有效指导方法。

1.2 企业架构的发展历程及 4 大主流架构框架介绍

从 1987 年由 John Zachman 提出第一个企业架构的框架理论，发展到今天，已经有 30 多年的时间。在这 30 多年的发展过程中，全球范围内不同人提出的大大小小的框架有近百种，如此众多的架构框架，大多是从 4 套主流架构框架发展和衍生出来的。

我们会通过时间轴来了解主流架构的演进过程，然后针对 4 大主流架构框架进行简要介绍。

1.2.1 企业架构的发展历程

“企业架构”最初是由于信息系统的复杂性不断提高（熵增），人们的理解难度越来越大而出现的。为了便于理解和管理这种“复杂系统”，需要隐藏系统的局部细节信息，从中抽象出高层次的结构和交互关系，以便于大家通过简洁的方式、以一套共同的语言来理解复杂系统，利于相互沟通和交流。

企业架构的演进有两条主线，一条主线起源于 20 世纪 70 年代美国启动的 C4ISR 计划（Command，Control，Communications，Computers，Intelligence，Surveillance and Reconnaissance）。这一计划的目标是把美军的战略决策及军队指挥、控制、管理所用的设备、器材、程序关联到一起，形成美国现代军队的神经中枢。经过多场战争的磨砺，逐步构建出跨多领域复杂系统的方法论体系，在此基础上逐步发展出 TOGAF、DoDAF 相关架构框架。

另一条主线起源于 1987 年 John Zachman 在 IBM 内部期刊撰写的著名论文《信息架构框架》（"A framework for information systems architecture"），首次提出了"信息系统架构框架"这一概念。这篇论文被业界奉为企业架构框架理论的开山之作，Zachman 本人也被称为企业架构框架理论之父。以此为基础，后续逐步发展出 Zachman、FEA 等相关架构框架。

图 1-3 给出了两条主线牵引下的 4 大主流企业架构的发展历程。经过 20 多年的发展，到 21 世纪 10 年代，相关的企业架构框架基本上相对稳定了，版本更新较少。

1.2.2　4 大主流架构框架介绍

大体清楚相关架构框架的发展时间轴之后，下面我们简单了解一下 4 大主流架构框架的关键内容。

1. Zachman 框架（企业领域）

Zachman 框架是由 John Zachman 先生在 1987 年提出、第一个得到公认的架构框架，如图 1-4 所示。该框架主要表现为一个 6×6 的矩阵，一个维度是基于 5W1H 的分类，即 Why（动机）、What（数据）、Who（角色）、When（时间）、Where（分布）、How（功能），另一个维度是基于不同人员的视角（高层、业务管理者、架构师、工程师、技术员、企业用户），完成从抽象概念到实例的转换（识别、定义、表示、详述、配置、实例化）。经过 20 多年的发展，Zachman 框架从 2011 年开始基本稳定在 3.0 版本。

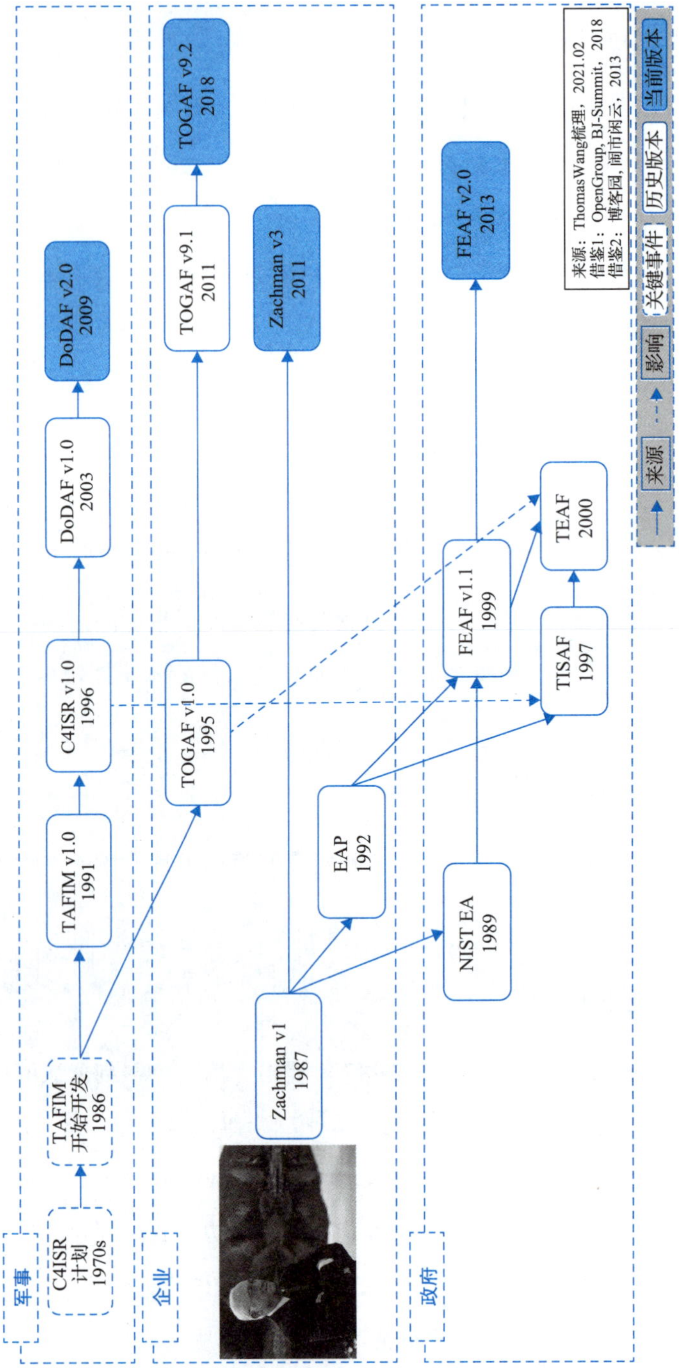

图 1-3　企业架构的发展历程

6分类 6视角	数据 什么?(What)	功能 如何?(How)	分布 何处?(Where)	角色 何人?(Who)	时间 何时?(When)	动机 何因?(Why)
高层 (Biz Control Planner)	业务识别 业务类型列表	流程识别 流程类型列表	分布识别 分布类型列表	职责识别 职责类型列表	时间识别 时间类型列表	动机识别 动机类型列表
业务管理者 (Biz Concept Owner)	业务定义 业务实体【概念模型】 业务实体间关系	流程定义 业务变迁 业务输入/输出	分布定义 业务分布 业务连接	职责定义 业务角色 业务工作产品	时间定义 业务时间间隔 业务关键时刻	动机定义 业务完成 业务手段/通路
架构师 (Biz Logic Designer)	业务表示 系统实体【逻辑模型】 系统实体间关系	流程表示 系统变迁 系统输入/输出	分布表示 系统分布 系统连接	职责表示 系统角色 系统工作产品	时间表示 系统时间间隔 系统关键时刻	动机表示 系统完成 系统手段/通路
工程师 (Biz Physics Builder)	业务详述 技术实体【物理模型】 技术实体间关系	流程详述 技术变迁 技术输入/输出	分布详述 技术分布 技术连接	职责详述 技术角色 技术工作产品	时间详述 技术时间间隔 技术关键时刻	动机详述 技术完成 技术手段/通路
技术员 (Biz Component implementers)	业务配置 工具实体 工具实体间关系	流程配置 工具变迁 工具输入/输出	分布配置 工具分布 工具连接	职责配置 工具角色 工具工作产品	时间配置 工具间隔 工具关键时刻	动机配置 工具完成 工具手段/通路
企业用户 (Users)	业务实例 运营实体 运营实体间关系	流程实例 运营变迁 运营输入/输出	流程实例 运营分布 运营连接	职责实例 运营角色 运营工作产品	职责实例 运营间隔 运营关键时刻	动机实例 运营完成 运营手段/通路

图 1-4　Zachman 框架

正如 Zachman 框架官网所强调的，该框架是一套元模型，而不是实施方法论。它给出了企业架构内容的描述和分类，确保每个干系人的每个关注点都被照顾到、并有效地串联成一个完整的体系，提供了一种有效分解复杂企业系统的方法。

该框架提供了一张“静态”的全景图，但对于如何来创建这些内容，却没有给出具体指导。可以认为这是一个参考框架，真正要一步一步地开发企业架构，需要借助于其他架构框架，比如 TOGAF。

延展： Zachman 框架所采用的 5W1H，是一个用途非常广泛的思考方法，如果你在工作中遇到难题、不知道如何突破时，可以尝试用 5W1H 进行分解，把问题展开，或许有助于开拓思路。

2. TOGAF 框架（企业领域）

TOGAF（The Open Group Architectures Framework）由欧洲著名的 The Open Group 在 1995 年开发出第一个版本。在此过程中，很多厂商参与了该体系的构建，这种形成机制在一定程度上较好地保障了该体系的适用性和可推广性。无论在国际上，还是在中国国内，目前 TOGAF 都已成为企业架构方面的主流框架体系。

TOGAF 体系的 6 大部分内容及其关系如图 1-5 所示。

- Part 1：引言（EA 关键概念及术语定义）。
- Part 2：架构开发方法。
- Part 3：ADM 指南和技术。
- Part 4：架构内容框架。
- Part 5：企业连续统一体和工具。
- Part 6：架构能力框架。

在 TOGAF 体系的 6 大部分内容中，架构开发方法（ADM）提供了一个流程化开发企业架构的思路，如图 1-6 所示，用户可参考相关步骤逐步推进企业架构的开发和实践。

- 预备阶段：为架构项目进行初期准备。
- 阶段 A：明确企业架构愿景。
- 阶段 B：详述业务架构（开发基线和目标业务架构，并分析差距）。
- 阶段 C：设计数据和应用架构（开发基线和目标数据和应用架构，并分析差距）。
- 阶段 D：设计技术架构（开发基线和目标技术架构，并分析差距）。
- 阶段 E：机会及解决方案（阐述目标架构的机会及解决方案）。
- 阶段 F：迁移计划（根据优先级，进行路标规划）。
- 阶段 G：实施治理（形成架构监管及治理机制，确保架构交付合规）。
- 阶段 H：架构变更管理（提供变更管理流程，确保架构能持续响应业务需要）。

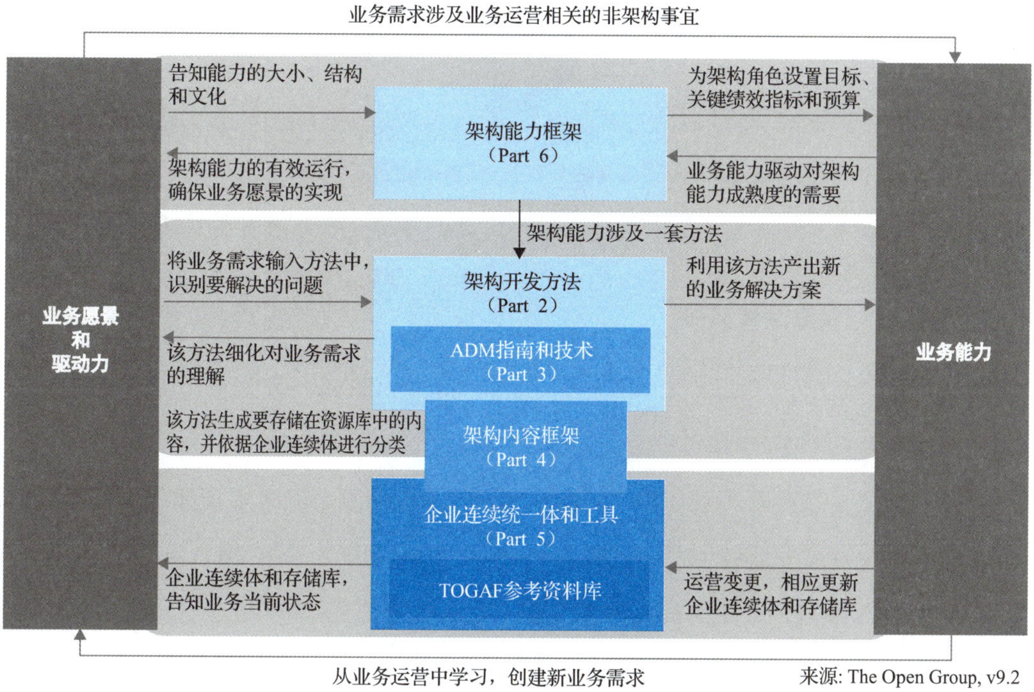

图 1-5　TOGAF 体系的内容及其关系

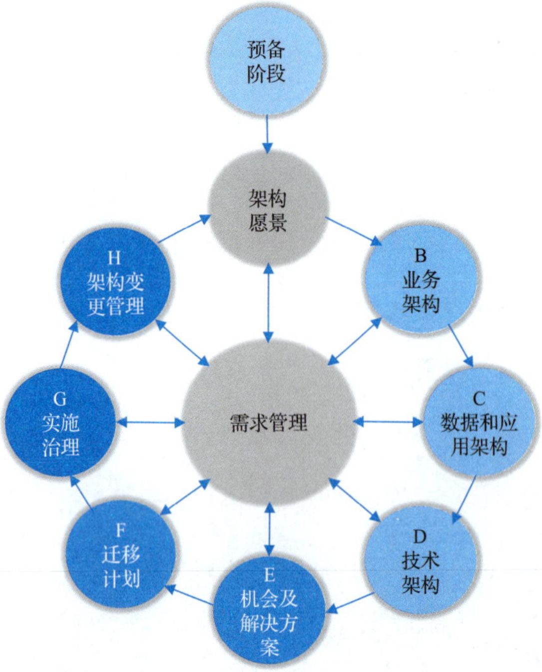

图 1-6　架构开发方法

注意： 企业用户在参考 ADM 进行架构开发时，可结合企业自身情况进行适当剪裁。

3. DoDAF（军事领域）

DoDAF（The Department of Defense Architecture Framework）是美国国防部建立的企业架构框架，源自 1970 年代美国军方启动的 C4ISR 计划，该计划主要为了解决各军兵种独立建设、无法互联互通、无法进行一体化协同作战的问题。经过多场战争的不断积累，C4ISR 架构框架逐渐发展成为更加成熟的 DoDAF 架构框架，并于 2003 年 8 月正式发布 DoDAF v1.0。又经过了 5 年多的发展和完善，美国国防部于 2009 年 5 月发布了最新版本 DoDAF v2.0。

DoDAF 架构框架由一系列视角所组成，在 v1.0 版，提供了 4 种视角，涉及全景视角、运营视角、系统视角和技术标准视角。到了 v2.0 版，扩展为包括全景视角、数据与信息视角、标准视角、能力视角、运营视角、服务视角、系统视角及项目视角在内的 8 大视角，如图 1-7 所示。

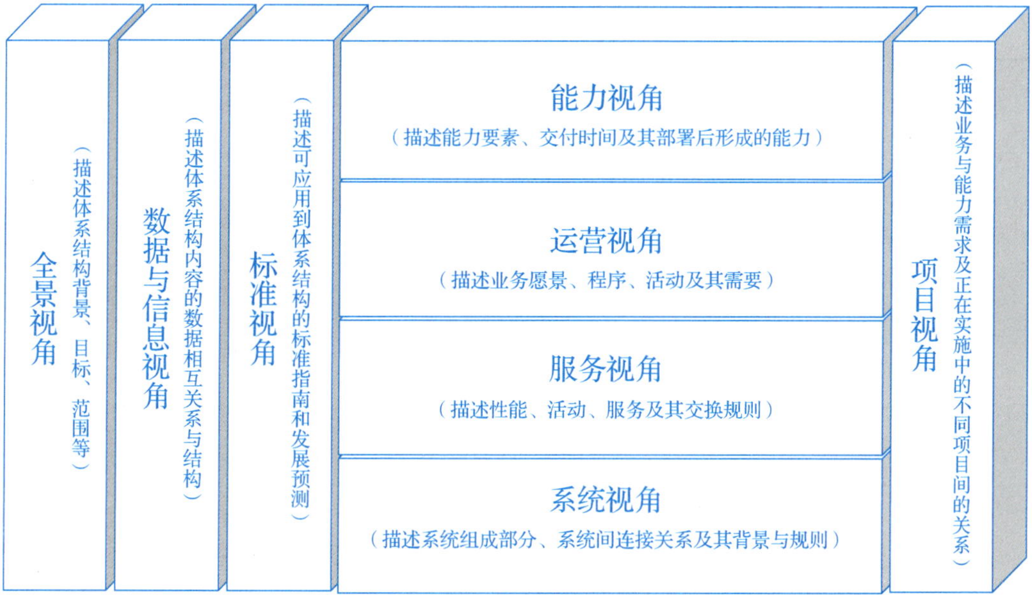

图 1-7　DoDAF 架构框架的 8 大视角

每个视角下都会包含若干模型，DoDAF 架构框架基于上述 8 大视角可进一步分解为 52 个模型，如表 1-1 所示。

上述 8 大视角与 52 个模型是 DoDAF 架构框架 v2.0 的核心，在具体应用时，这 52 个模型可以根据实际需要有选择地使用。

表 1-1 DoDAF 架构框架 8 大视角下的 52 个模型

<table>
<tr><th>能力视角</th><th>运营视角</th><th>系统视角</th><th>服务视角</th></tr>
<tr><td rowspan="9">CV-1 愿景
CV-2 能力分类
CV-3 能力阶段
CV-4 能力依赖关系
CV-5 能力与组织发展映射
CV-6 能力与运营活动映射
CV-7 能力与服务映射</td><td>OV-1 高阶运营概念图</td><td>SV-1 系统接口描述</td><td>SvcV-1 服务上下文描述</td></tr>
<tr><td>OV-2 运营资源流描述</td><td>SV-2 系统资源流描述</td><td>SvcV-2 服务资源流描述</td></tr>
<tr><td>OV-3 运营资源流矩阵</td><td>SV-3 系统-系统矩阵</td><td>SvcV-3a 服务-系统矩阵
SvcV-3b 服务-服务矩阵</td></tr>
<tr><td>OV-4 组织关系图</td><td>SV-4 系统功能描述</td><td>SvcV-4 服务功能描述</td></tr>
<tr><td>OV-5a 运营活动分解树
OV-5b 运营活动模型</td><td>SV-5a 系统功能与运营活动跟踪矩阵
SV-5b 系统与运营活动跟踪矩阵</td><td>SvcV-5 服务与运营活动跟踪矩阵</td></tr>
<tr><td rowspan="4"></td><td>SV-6 系统资源矩阵</td><td>SvcV-6 服务资源流矩阵</td></tr>
<tr><td>SV-7 系统度量矩阵</td><td>SvcV-7 服务度量矩阵</td></tr>
<tr><td>SV-8 系统演进描述</td><td>SvcV-8 服务演进描述</td></tr>
<tr><td>SV-9 系统技术和技能预测</td><td>SvcV-9 服务技术和技能预测</td></tr>
<tr><td></td><td>OV-6a 运营规则模型
OV-6b 运营状态转换描述
OV-6c 运营事件跟踪描述</td><td>SV-10a 系统规则模型
SV-10b 系统状态转换描述
SV-10c 系统事件跟踪描述</td><td>SvcV-10a 服务规则模型
SvcV-10b 服务状态转换描述
SvcV-10c 服务事件跟踪描述</td></tr>
<tr><th>全景视角</th><th>标准视角</th><th>项目视角</th><th>数据与信息视角</th></tr>
<tr><td>AV-1 概述和摘要信息
AV-2 综合词典</td><td>StdV-1 标准概要
StdV-1 标准预测</td><td>PV-1 项目组合关系
PV-2 项目时间表
PV-3 项目与能力映射</td><td>DIV-1 概念数据模型
DIV-2 逻辑数据模型
DIV-3 物理数据模型</td></tr>
</table>

4. FEA（政府领域）

美国联邦政府总共拥有 300 多个职责不同、规模不一的组织机构，这些机构的雇员数量超过 200 万人，每年的年度预算都超过 3 万亿美元，其中每年各种形式的 IT 投入超过 800 亿美元。为确保对巨额 IT 投入的有效管控，1996 年美国国会通过了一个有关信息技术管理改革的《克林格-科恩法案》，授权联邦政府相关机构开发和维护 IT 架构，以促进各个机构之间的信息共享、提升 IT 预算相关的投资收益。

在 1999 年，美国联邦政府 CIO 委员会发布了第一版的 FEAF（Federal Enterprise Architecture Framework）。在此之后，由美国管理和预算办公室（OMB）负责管理和协调美国联邦企业架构建设，并于 2002 年成立了专门从事联邦企业架构开发的项目管理办公室（FEA-PMO）。为了能在不同联邦机构之间建立通用业务语言，加强沟通和协同，在 2007 年左右推出 FEA 参考模型的早期综合版本，如图 1-8 所示。这个早期版本中包含 5 个参考模型，除了强调绩效和业务驱动，也强调了要构建基于构件的架构。

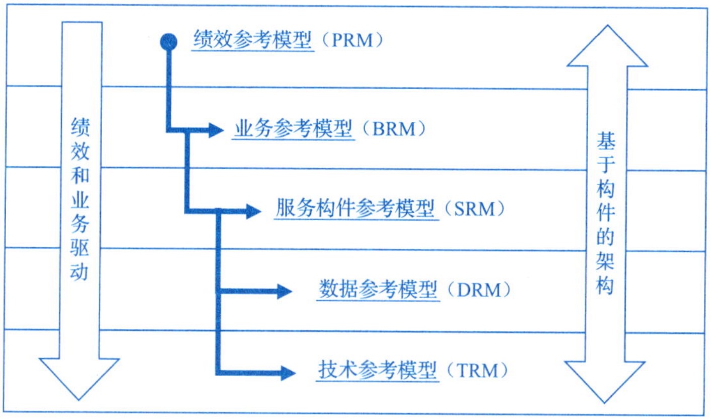

图 1-8　FEA 参考模型（2007 版）

又经过 5 年左右的积累和完善，FEAF v2.0 于 2013 年发布，里面所涉及的参考模型更新版如图 1-9 所示。

对比图 1-8 和图 1-9 可以看出，相比 2007 年的 FEA 参考模型早期版本，2013 年的参考模型更新版本主要在下述 3 个方面进行了调整。

（1）从参考模型的数量角度看：

- 早期版本包含 5 个参考模型；
- 更新版本包含 6 个参考模型，多了“安全参考模型”，该模型与另外 5 个参考模型都有关联。

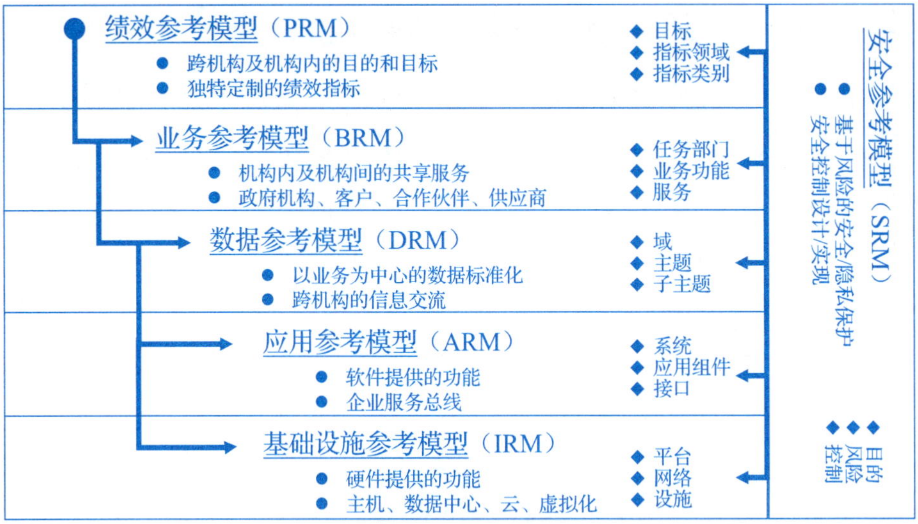

图 1-9　FEA 参考模型（2013 版）

（2）从参考模型的命名来看：

- 早期版本中提到了“服务构件参考模型”；
- 更新版本中改成了“应用参考模型”。

（3）从参考模型的梳理顺序上看：

- 早期版本先考虑“服务构件参考模型”，然后考虑数据参考模型和技术参考模型；
- 更新版本则先考虑“数据参考模型”，然后输出给应用参考模型和技术参考模型，把数据参考模型的梳理提到了前面，进一步强调了数据参考模型的重要性。

近几年来，国内越来越多的企业开始探索企业架构的实际应用。除了来自企业领域的 Zachman 框架和 TOGAF 架构框架知识体系，来自军事领域的 DoDAF 架构框架和来自政府领域的 FEA 架构框架，对于企业架构的实际应用都可以有一定的参考和指导作用。

网上有不少与这些主流架构框架相关的中文材料和文章，考虑到不同译者有各自偏好且水平参差不齐，读者通过网上的中文材料进行学习时要注意对比和甄别。建议有一定英文基础的读者朋友直接查阅相关主流架构框架的官网、学习英文原版材料，有条件的可参加正规授权机构的专业培训，并通过企业实践加强对企业架构的理解和应用能力。

2

第 2 章 业务架构的概念及发展历程简述

清楚企业架构基本内容及它与业务架构的包含关系之后，我们接下来一起了解业务架构的基本情况。业务架构的英文是 Business Architecture，往往简称为 BA。

本章涉及的主要内容有：

- 业务架构的概念；
- 业务架构的作用；
- 业务架构发展历程；
- 业务架构主流体系一：价值链+流程；
- 业务架构主流体系二：价值流+能力。

2.1　业务架构的概念和作用

相比于企业架构，国内人员对业务架构会更加生疏一些，业务架构方面尚未形成广泛统一的理解。希望通过下面的介绍，大家对业务架构的相关定义和作用形成基本的了解和共识。

2.1.1　业务架构的概念

参考第 1 章对“企业架构的拆解”，“业务架构”是由“业务”和“架构”这两部分组成的，我们需要分别了解“业务”和“架构”的定义。

1. 业务的定义

本书中的“业务”，是指在企业运行过程中，为了实现企业目标所涉及的一系列生产经营活动。

2. 架构的定义

关于“架构”，前面已经提到 ISO/IEC 42010：2011 给出了定义：一个系统在其环境中的基本概念或属性，体现在其元素、关系及其设计和演化的原则中。这个定义不仅适用于企业架构，也适用于业务架构。

3. 业务架构的定义

不同组织、不同人员对业务架构有不同理解。在 2007 年，OMG（Object Management Group，对象管理组织）曾把业务架构定义为：

“企业的蓝图，它提供了对组织的共同理解，并用于校准战略目标和战术需求。”[①]

在 2017 年，包括 BA Guild 在内的 FEAPO 组织众多成员对业务架构的定义进行了重新审视，将业务架构描述为：

“业务架构代表整体的、多维的业务视图，包括能力、端到端价值交付、信息、组织，以及这些业务视图和战略、产品、政策、计划和利益相关者之间的关系。”[②]

考虑到国际上有多套业务架构体系，不同业务架构体系的侧重要素有所不同（有的侧重“流程”，有的侧重“能力”），为方便理解，结合上方 ISO/IEC 对架构给出的定义，本书建议可将“业务架构”简单理解为“围绕业务的架构”，它具备架构的 3 个主要特征，会涉及“业务要素”“业务要素间关系”及“架构设计及演进的原则和指南”。

简而言之，我们希望能回归到架构的本质，不管是基于“业务流程”来解构业务，还是基于“业务能力”来解构业务，抑或“能力+流程”相结合来解构业务，只要在解构业务时能说清楚涉及哪些业务要素、业务要素之间什么关系及如何演进，我们就可以认为它是“业务架构”。

在实际的企业运作过程中，涉及很多与“业务”相关的名词和术语，如果一一罗列，可以列出上百项，在这里不做展开。需要注意的是，当涉及的元素过多时，元素间的关系也会变得异常复杂。有许多组织都在尝试梳理、提炼和抽象主要业务元素，其中 BA Guild 的相关创始人（William Ulrich & Whynde Kuehn）和团队一起梳理出 10 个主要业务元素，并用两个圆圈区分，里圈是业务架构核心要素，外圈是业务架构扩展要素，如图 2-1 所示。笔者认为这套架构对业务要素拆解得相对清晰，是非常值得学习和借鉴的。

① 请参阅：OMG Business Architecture Special Interest Group, 2008.

② 请参阅：Federation of Enterprise Architecture Professional Organizations (FEAPO) Plenary Meeting and subsequent vote, January 14, 2017.

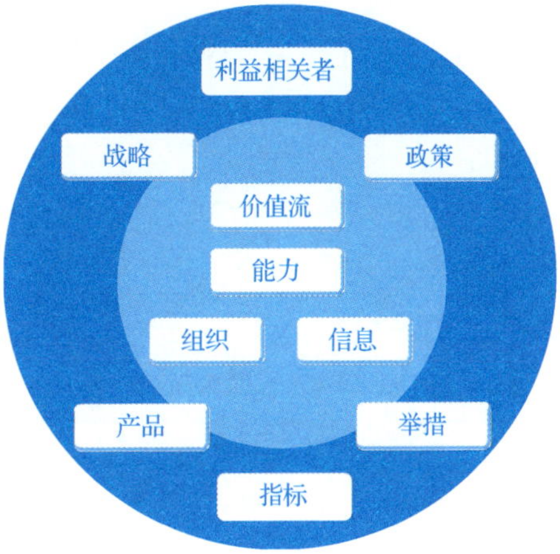

图 2-1　业务架构要素

2.1.2　业务架构的作用

为方便理解业务架构的作用，我们可以先了解一下“业务架构”在一个“企业架构”里的大体位置和角色，然后结合业务实践给出一些参考。

1. 业务架构所处的位置

在 The Open Group 的 TOGAF 体系中，企业架构涉及 4 个主要部分，分别是业务架构（BA）、数据架构（DA）、应用架构（AA）、技术架构（TA）。在第 1 章中，我们在探讨企业架构所处位置时，把架构简单分为两类：一类是业务架构，另一类是 IT 架构，其中 IT 架构包含数据架构、应用架构、技术架构。架构要为业务服务，在针对具体企业进行架构分析时，业务架构是龙头，我们首先要确保业务架构是可靠、可信的，然后以业务架构为指导，逐步分析数据架构、应用架构和技术架构，这样才能确保相关架构能真正服务于业务并协同落地。图 2-2 简要表明了业务架构在企业架构体系中的位置及牵引作用。关于企业架构体系中 4A 之间的关系在本书第 7 章会进一步丰富和细化。

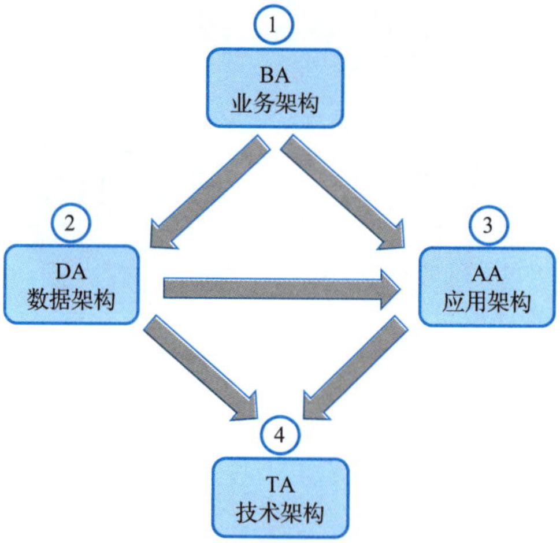

图 2-2　业务架构在企业架构体系中的位置

2. 业务架构的作用

基于图 2-2 所示的业务架构所处位置及角色，结合 BIZBOK、O-BA 等理论与企业实践，业务架构可发挥的主要作用如下：

- 业务架构是企业整体业务能力建设的基础，是业务决策的重要参考依据；
- 业务架构是业务战略到业务执行的桥梁；
- 业务架构是业务领域知识的载体，支撑所有利益相关者的需求；
- 业务架构提供统一业务语言、驾驭复杂性、降低风险；
- 业务架构牵引企业架构其他关键要素（数据架构、应用架构、技术架构）；
- 业务架构强调整体协同与充分复用，能有效减少 IT 重复投资。

2.2　两大主流业务架构体系介绍

关于业务架构体系，大家经常听到或接触到的有 BIZBOK、O-BA、CBM、PCF（APQC）、ODBA 等。不同的知识体系侧重点有所不同，其中 PCF（APQC）、ODBA 等更侧重“流程”视角，而 BIZBOK、O-BA、CBM 等更强调“能力”视角。

下面我们通过时间轴来看看主流业务架构体系的演进过程。

2.2.1　业务架构体系的发展历程

基于我们对“业务架构”的基本理解——它是利用业务要素及要素间关系来结构性表达业务的一套框架，我们可以看看基本符合该特征的相关主流业务架构体系的发展历程。图 2-3 是笔者在 2021 年梳理的相关主流业务架构体系的演进情况及最新版本。

业务架构体系仍在不断地发展和完善，本书后续章节会逐步介绍目前较为主流的“价值链+流程”及“价值流+能力”这两大业务架构体系。这两套体系有一个共同点——它们都涉及“价值”。从上方时间轴可以看出，以价值为导向的理念，始于 1985 年美国哈佛大学商学院教授迈克尔·波特（Michael E.Porter）在《竞争优势》（*Competitive Advantage*）里所提出的价值链分析框架。如果在企业架构领域（EA），我们认为 John Zachman 是鼻祖的话（1987 年，首次提出架构框架），那么在业务架构领域，笔者认为迈克尔·波特是当之无愧的鼻祖（1985 年，首次提出业务分析框架）。

“以价值为导向”的理念，也是本书相关理论及实践的一个基石。与此同时，当人们在谈论价值时会涉及具体给谁（利益相关者）提供价值的问题，考虑到利益相关者众多、容易造成重复和混淆，本书建议以外部的“客户”为源头来探讨企业的整体业务价值。本书后续内容中所谈到的企业，默认指市场化导向的企业，这些企业运行整体业务的出发点是“以客户为中心、以价值为导向”。

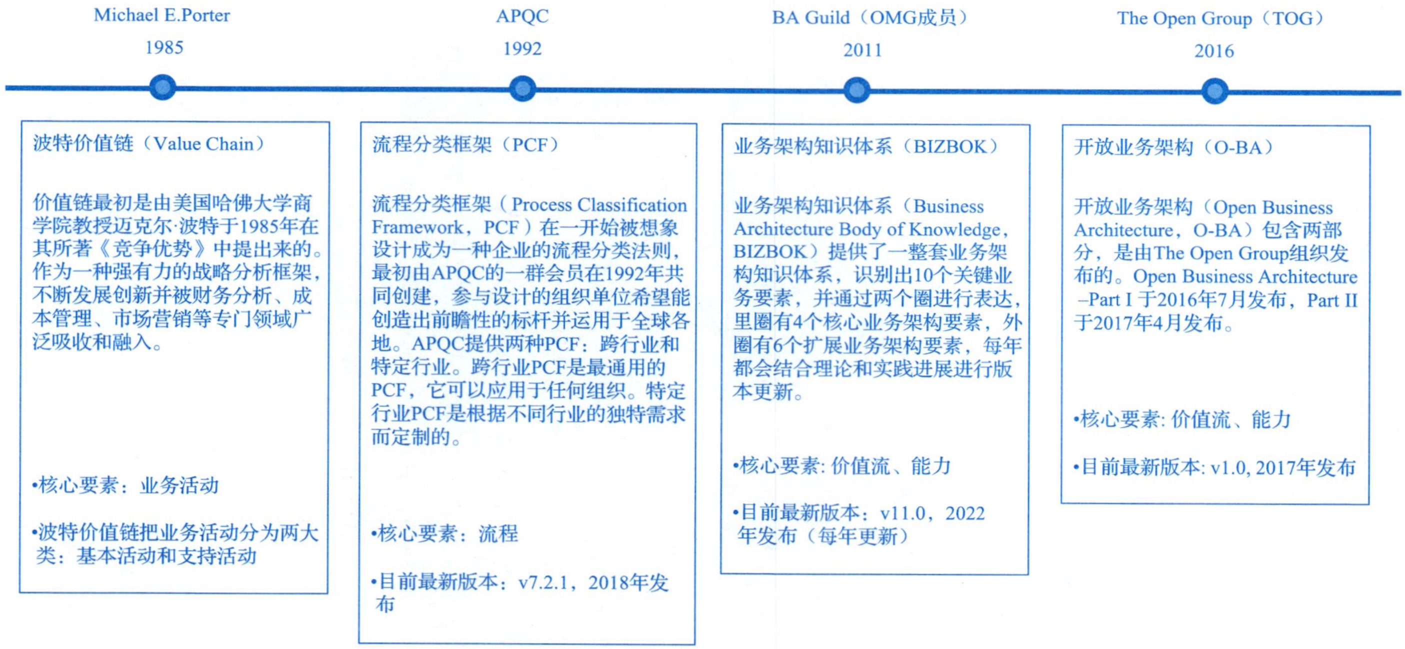

Michael E.Porter
1985
APQC
1992
BA Guild（OMG成员）
2011
The Open Group（TOG）
2016
波特价值链（Value Chain）
价值链最初是由美国哈佛大学商学院教授迈克尔·波特于1985年在其所著《竞争优势》中提出来的。作为一种强有力的战略分析框架，不断发展创新并被财务分析、成本管理、市场营销等专门领域广泛吸收和融入。
•核心要素：业务活动
•波特价值链把业务活动分为两大类：基本活动和支持活动
流程分类框架（PCF）
流程分类框架（Process Classification Framework，PCF）在一开始被想象设计成为一种企业的流程分类法则，最初由APQC的一群会员在1992年共同创建，参与设计的组织单位希望能创造出前瞻性的标杆并运用于全球各地。APQC提供两种PCF：跨行业和特定行业。跨行业PCF是最通用的PCF，它可以应用于任何组织。特定行业PCF是根据不同行业的独特需求而定制的。
•核心要素：流程
•目前最新版本：v7.2.1，2018年发布
业务架构知识体系（BIZBOK）
业务架构知识体系（Business Architecture Body of Knowledge，BIZBOK）提供了一整套业务架构知识体系，识别出10个关键业务要素，并通过两个圈进行表达，里圈有4个核心业务架构要素，外圈有6个扩展业务架构要素，每年都会结合理论和实践进展进行版本更新。
•核心要素: 价值流、能力
•目前最新版本：v11.0，2022年发布（每年更新）
开放业务架构（O-BA）
开放业务架构（Open Business Architecture，O-BA）包含两部分，是由The Open Group组织发布的。Open Business Architecture –Part I 于2016年7月发布，Part II于2017年4月发布。
•核心要素: 价值流、能力
•目前最新版本: v1.0, 2017年发布

图 2-3　主流业务架构体系的演进情况及最新版本

关于利用“价值链+流程”这套体系来分析和梳理业务，自从美国生产力与质量中心（American Productivity and Quality Center，APQC）在 1992 年正式推出流程分类框架（PCF）以来，已有近 30 年时间，相关理论及知识普及较广，本书会在本章进行汇总介绍。

相对而言，“价值流+能力”这套体系是近 10 年才推出的新体系（仍在持续完善），在国内的探索也是近 3～5 年的事，这套体系更有利于理解企业运作过程中的业务元素及元素间关系，它是本书要重点介绍和推广的内容，在本章仅做简单介绍，将在后续章节逐步展开。在围绕“价值流+能力”体系展开的过程中，我们也会尝试把两套主流体系的内容进行关联和融合，形成相互融合的业务架构体系，以便读者理解和参考。

期望通过本书的介绍，对企业整体业务运作感兴趣的朋友（尤其是对于需要服务业务用户，但又不太了解业务的 IT 管理人员及技术人员），可以快速理解“业务相关的主要概念”“业务概念间的主要关系”等，快速形成对业务的基本认知。

2.2.2　主流架构一：波特价值链+流程

在业务架构的发展过程中，价值链（Value Chain）、流程分类框架（PCF）及业务流程建模符号（BPMN）都发挥了重要的作用，从各自方向上以结构化的形式进行业务描述，进而清晰表达业务架构的整体体系。

2.2.2.1　波特价值链

1. 价值链的提出

价值链的名称最初是由美国哈佛大学商学院教授迈克尔·波特于 1985 年在其所著的《竞争优势》中提出来的。作为一种强有力的战略分析框架，不断发展创新并被财务分析、成本管理、市场营销等专门领域广泛吸收和融入。

2. 价值链的含义

企业要生存和发展，必须为企业的股东和其他利益相关者包括员工、顾客、供货商及所在地区和相关行业等创造价值。

如果把“企业”这个“黑匣子”打开，我们可以把企业创造价值的过程分解为一系列互不相同但又相互关联的经济活动，或者称之为“增值活动”，其总和构成企业的“价值链”。

企业从事价值链活动，一方面创造顾客认为有价值的产品或劳务，另一方面也需要负担各项价值链活动所产生的成本。企业经营的主要目标，在于尽量增加顾客对产品或劳务所愿支付的价格与价值链活动所耗成本间的差距（即利润）。价值链是企业在一个特定产业内的各种业务活动的组合。波特价值链如图 2-4 所示。

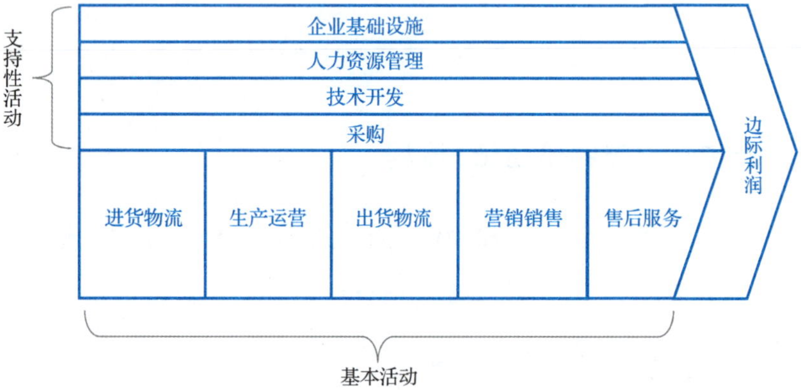

图 2-4 波特价值链

图 2-4 中的价值链包括业务活动和利润，企业的业务活动是企业所从事的物质上和技术上的界限分明的各项作业，它可分为基本活动和支持性活动两大类。

关于基本活动，主要包含 5 种活动类型。

（1）进货物流：与接收、存储和分配相关联的各种活动，如原材料搬运、仓储、库存控制、车辆调度和向供应商退货等。

（2）生产运营：与将投入转化为最终产品相关的各种活动，如机械加工、包装、组装、设备维护、检测等。

（3）出货物流：与集中、存储和将产品发送给买方有关的各种活动，如产成品库存管理、原材料搬运、送货车辆调度等。

（4）营销销售：与提供买方购买产品的方式和引导它们进行购买相关的各种活动，如广告、促销、销售队伍、渠道建设等。

（5）售后服务：与提供服务以增加或保持产品价值有关的各种活动，如培训、安装、维修、零部件供应等。

关于支持性活动，主要包含 4 种活动类型。

（1）采购：指购买用于企业价值链各种投入的相关活动，采购既包括企业生产原料的采购，也包括各种支持性活动所需要的采购（如研发设备的购买等）及物料管理作业等。

（2）技术开发：每项价值活动都包含着技术成分，无论是技术诀窍、程序，还是在工艺设备中所体现出来的技术。

（3）人力资源管理：包括涉及所有类型人员的招聘、雇佣、培训、开发和报酬等各种活动。人力资源管理不仅对基本活动和支持性活动起到辅助作用，而且支撑着整个价值链。

（4）企业基础设施：企业基础设施支撑了企业的价值链条。如会计制度、行政流程等。

企业价值链进一步又可以和上游供应商、下游买主的价值链相连，进而构成一个产业价值链。波特（1985）认为每个企业都处在产业链中的某个环节，一个企业要赢得和维持竞争优势，不仅取决于其内部价值链，而且取决于在一个大的价值系统（即产业价值链）中一个企业的价值链同其供应商、销售商及顾客价值链之间的紧密连接。产业链企业在竞争中执行完成的一系列经济活动，即产业价值链。它更加突出“创造价值”这一最终目标，描述价值在产业链中的传递、转移和增值过程。

价值链分析的通常步骤如下。

（1）识别价值活动：包括活动的内容、发生的阶段及不同的活动类型等。

（2）价值链的确定：即为在一个特定产业竞争而定义企业的价值链。

（3）明确价值链内部的联系：虽然价值活动是构筑竞争优势的基石，但是价值链必须是一个由不同活动相互联系而构成的系统。

（4）了解不同企业间的价值链纵向联系：必须同时关注存在于企业价值链与供应商、渠道等价值链之间的纵向联系。

（5）考虑买方价值链：买方也有价值链，企业的产品可理解为买方价值链的外购投入。

3. 价值链理论的发展

价值链理论被波特提出之后，迅速得到广泛推崇、应用与发展，相继出现了新价值链理论、价值网理论和全球价值链理论。英国学者海因斯（Peter Hines）是新价值链理论的主要代表之一，他将价值链概念延伸至产业总体范围，将顾客和原料供应商纳入价值链，并将波特的价值链重新定义为“集成物料价值的运输线”。价值网的概念是由美国美世（Mercer）顾问公司的亚德里安·斯莱沃斯基（Adrian J. Slywotzky）于1998年在《发现利润区》（*Profit Zone*）一书中首次提出的，2000年美国学者大卫·波维特（David Bovet）在《价值网：打破供应链、挖掘隐利润》（*Value Nets：Breaking the Supply Chain to Unlock Hidde Profits*）一书中进一步发展了价值网。价值网的本质是在专业化分工的生产服务模式下，通过一定的价值传递机制，在相应的治理框架下，由处于价值链上不同阶段和相对固化的彼此具有某种专用资产的企业及相关利益体组合在一起，共同为顾客创造价值。世界经济一体化与跨国公司生产经营全球化成为全球价值链（Global Value Chain）理论产生的催化剂，成为当前研究跨国生产经营活动开展和利益分配的有效分析工具。格里芬（Gereffi）等人在对美国零售业价值链研究的基础上，将价值链分析法与产业组织研究结合起来，提出了全球商品链分析法。

随着各国企业国际化步伐进一步加快，国际生产进一步扩张，特别是发展中经济体和转型期经济体跨国公司进一步发展，将推动价值链理论的进一步发展。

2.2.2.2　流程分类框架

1. PCF 简介

流程分类框架（Process Classification Framework，PCF）由美国生产力与质量中心（APQC）提出。

APQC 创立于 1977 年，是一个以会员为基础的非营利机构，致力于各种改善手法的研究开发，确定产业标杆与最佳实践，并及时地向相关会员组织发布新知识、训练课程及关键成功工具。APQC 服务全球超过 500 个横跨各种产业的营利企业、教育机构与政府单位。2003 年、2004 年及 2007 年荣获由 Teleos 公司及欧洲知名研究机构 KNOW Network 联合评选的北美地区“最受赞赏的知识企业（MAKE）”殊荣（MAKE 指 Most Admired Knowledge Enterprise）。

PCF 一开始被想象设计成为一种企业的流程分类法则，最初由 APQC 的一群会员在 1992 年共同创建，参与设计的组织单位希望能创造出前瞻性的标杆并运用于全球各地。目前的最新版本是 2018 年发布的 v7.2.1。

APQC 提供两种 PCF：跨行业和特定行业。跨行业 PCF 是最通用的 PCF，可以应用于任何组织。特定行业 PCF 是根据不同行业的独特需求而定制的。

跨行业 PCF 最初被设想为一种业务流程的分类法，以及一种可以使 APQC 成员组织们进行基准测试的通用语言。APQC 和 80 多家有兴趣推动在美国和全球使用基准测试的企业组织参与到初步设计中来。自 1992 年提出以来，PCF 已经实现了其大部分内容的更新。

特定行业 PCF 使组织能够以适合其所执行工作的方式来构建和定义流程。特定行业 PCF 还允许与行业同行进行更具体和详细的基准测试。但重要的是，特定行业 PCF 的结构与跨行业 PCF 相同，这使得组织能够在使用特定行业 PCF 的同时与其他行业进行基准测试。

各种行业、各种规模的企业或个人，都可以通过 APQC 官网免费获得 PCF 资料。

2. PCF 层级

PCF 分成 5 个层级，如图 2-5 所示。

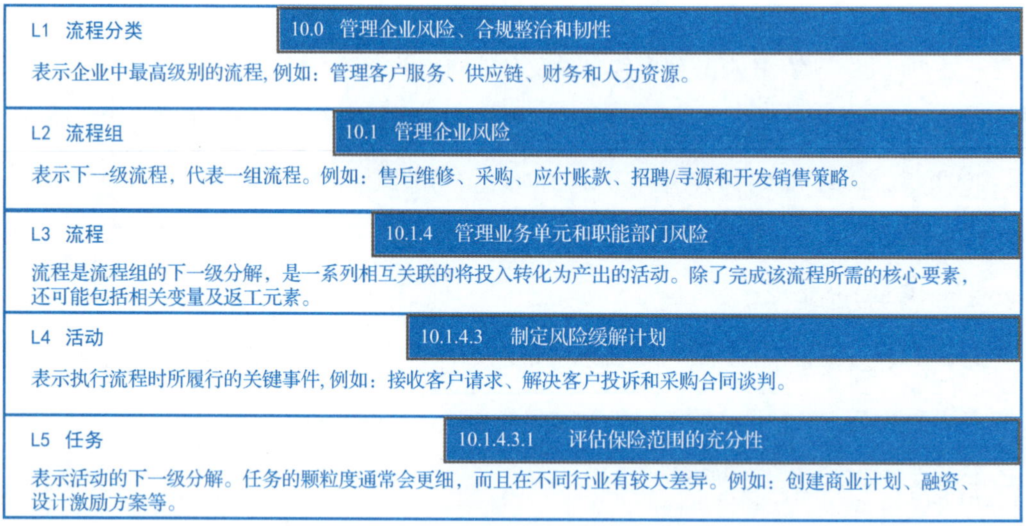
L1 流程分类
10.0 管理企业风险、合规整治和韧性
表示企业中最高级别的流程, 例如：管理客户服务、供应链、财务和人力资源。
L2 流程组
10.1 管理企业风险
表示下一级流程，代表一组流程。例如：售后维修、采购、应付账款、招聘/寻源和开发销售策略。
L3 流程
10.1.4 管理业务单元和职能部门风险
流程是流程组的下一级分解，是一系列相互关联的将投入转化为产出的活动。除了完成该流程所需的核心要素，还可能包括相关变量及返工元素。
L4 活动
10.1.4.3 制定风险缓解计划
表示执行流程时所履行的关键事件, 例如：接收客户请求、解决客户投诉和采购合同谈判。
L5 任务
10.1.4.3.1 评估保险范围的充分性
表示活动的下一级分解。任务的颗粒度通常会更细，而且在不同行业有较大差异。例如：创建商业计划、融资、设计激励方案等。

图 2-5 PCF 层级

- 第 1 层级——流程分类：代表企业中最高级别的流程，如管理客户服务、管理供应链、管理财务组织和管理人力资源。
- 第 2 层级——流程组：表示下一级流程，代表一组流程。售后维修执行、采购、应付账款、招募/采购、销售战略制定均为流程组的示例。

- 第 3 层级——流程：一系列相互关联的活动，将投入转换为成果（产出）。流程的每个活动都会消耗资源，需要不断优化、可重复履行的标准。
- 第 4 层级——活动：表示在执行流程时履行的关键事件，如客户请求接收、客户投诉解决、采购合同谈判。
- 第 5 层级——任务：表示活动后的下一级分解，任务通常更加细致，可能在不同行业存在较大差异，如创建商业计划、获得融资、设计激励方案。

不同企业涉及的业务规模、业务复杂度不同，企业在进行业务梳理时，最大的挑战之一就是如何基于不同的颗粒度进行分层。APQC 所推出的 PCF，在这方面做出了非常大的贡献，为各个行业的企业都提供了很好的参考。为方便国内读者理解和使用，本书基于 PCF 的英文分层描述分别给出了对应的中文描述，如图 2-6 所示，供大家参考。

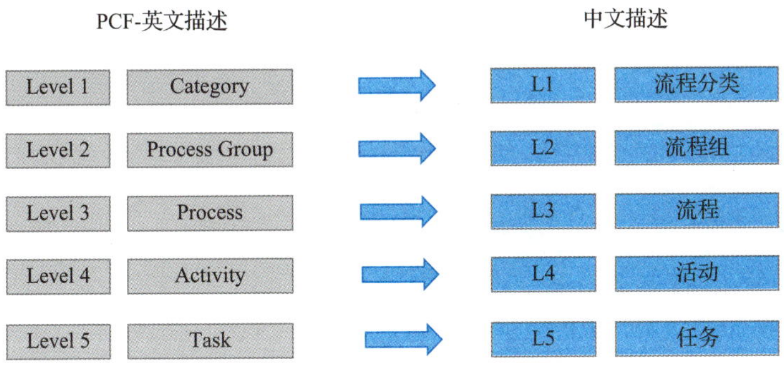

图 2-6　PCF L1～L5 层级的中英文描述

本书在后续章节（如业务能力分层）会借鉴相关分层思路，并进一步结合国内企业的使用习惯进行适当补充和调整，以确保相关分层体系有更好的通用性和可扩展性。

下面我们来看一下较为常见的企业流程分类（L1 层级）的情况，如图 2-7 所示。

图 2-7　企业流程分类（L1 层级）

图 2-7 中的 L1 层级流程分类，包含两大部分。

（1）运营流程（Operating Process）。

（2）管理和支撑流程（Management and Support Process）。

把 PCF 框架图和波特价值链图进行对比，很容易发现 PCF 的“运营流程”“管理和支持流程”与波特价值链的“基本活动”“支持性活动”的主体思路是一致的。把价值链与流程结合起来，可形成一整套业务架构体系。

2.2.2.3　业务流程建模符号

1. BPMN 简介

我们现有的 IT 系统大多数都承载着业务流程管理的功能，比如供应链领域的仓储管理 WMS、物流管理 TMS，以及订单管理 OMS、SRM、CRM 等，主要就是用来管理企业自身纷繁复杂的业务关系及业务流程的。

为了能清晰地描述问题，我们通常对已经存在的复杂问题进行模型化的抽象，通过模型来推导解决问题的方案。因此，对于业务关系和业务流程也需要进行建模，这一过程被称为业务流程建模（Business Process Modeling，BPM）。BPM 有很多种建模语言，BPMN（Business Process Modeling Notation，业务流程建模符号）是其中的一种主流建模语言。

在 BPMN 的发展过程中，基于 BPMN 的一些特性与业务流程管理中常见的一些情况，总结提炼出了一套标准。这套标准在 2004 年 5 月由 BPMI（业务流程管理倡议组织，The Business Process Management Initiative）Notation Working Group 对外发布，这就是 BPMN 1.0 规范。其后，BPMI 并入 OMG。OMG 在 2006 年 2 月发布了 BPMN 规范文档。后续 BPMN 的 2.0 版本对 BPMN 进行了重新定义，该版本从 2010 年开始开发，于 2013 年 12 月正式发布。BPMN 的最新版本（2.0.2）已由 ISO 正式发布为 2013 版标准：ISO/IEC 19510。

2. BPMN 2.0 元素和模型

BPMN 代表业务流程模型与符号。它是一套流程建模的标准，主要目标是提供一套被所有业务用户容易理解的符号，支持从创建流程轮廓的业务分析到这些流程的最终实现，直到最终用户的管理监控。BPMN 提供了清晰而精准的执行语义来描述元素的操作。BPMN 规范还确保设计为业务流程执行的 XML 语言（如 WS-BPEL），能够用这套以业务为中心的符号进行可视化表示。BPMN 的相应说明文档可以从 OMG 官网获取。

BPMN 定义了 5 个基础的元素类别。

（1）流对象（Flow Object）：用来操作数据流的对象，包括事件（Event）、活动（Activity）、网关（Gateway）3 种流对象，是 BPMN 中的核心元素。

（2）数据（Data）：用于描述活动所需要或者产生的数据，包括数据对象（Data Object）、输入数据（Data Input）、输出数据（Data Output）和数据存储区（Data Store）4 种元素。

（3）连接对象（Connecting Object）：将流程对象连接起来组成业务流程的结构，有 3 种连接对象，分别是序列流（Sequence Flow）、消息流（Message Flow）和关联（Association）。

（4）泳道（Swimlane）：用以区分不同的参与者、功能和职责，有两种类型的泳道，分别是池（Pool）和道（Lane）。

（5）描述对象（Artifact）：为了扩展基本符号，提供描述额外的上下文，包括组（Group）、注释（Annotation）。

BPMN 提供了 3 种基本类型的模型，涉及不同类型的业务流程。

（1）协作流程模型：又称协作流程图、共有流程，用池的方式描述两个或更多业务实体（流程）之间可视活动的交互作用。

（2）独立流程模型：又称私有流程、内部业务流程，用泳道表示特定组织内部的独立、私有业务流程。

（3）组合流程：又称公共流程，表示私有业务流程与其他流程或参与者之间的交互。

相关规范的具体内容可以参看官方说明文档，多个软件工具已经将 BPMN 2.0 规范落实在软件功能中。

2.2.3 主流架构二：价值流+能力

以价值流和能力为基础的业务架构体系，主要是 BA Guild（OMG 成员）和 The Open

Group（简称 TOG）作为主要推动者。该体系是由成立于 2010 年的 BA Guild 率先推动的，于 2011 年推出 BIZBOK v1.0，每年都会结合相关理论和实际发展进行持续更新，截至 2022 年，最新版本是于 2022 年 5 月发布的 BIZBOK v11.0。TOG 方面分别在 2016 年发布 O-BA Part I，在 2017 年发布 O-BA Part II，目前只有这一个版本。本书后续会以 BIZBOK 为主进行介绍。

1. 价值流

在 BIZBOK 中，价值流的定义是：为客户创建结果的端到端活动集合，客户可能是价值流的最终客户或内部使用用户。它来源于 Ralph Whittle 和 Conrad Myrick 在 2005 年给出的定义[①]。

图 2-8 是一个简单的例子，价值流是一个端到端的价值增值活动集合，向利益相关者交付价值（能解决特定客户需求的产品或服务）。在一个价值流中，会涉及多个价值流阶段，每个阶段都会为利益相关者提供相应阶段的价值项，各个阶段的价值项汇总来实现对目标客户的整体价值交付。价值流相关的具体内容将在第 3 章进行介绍。

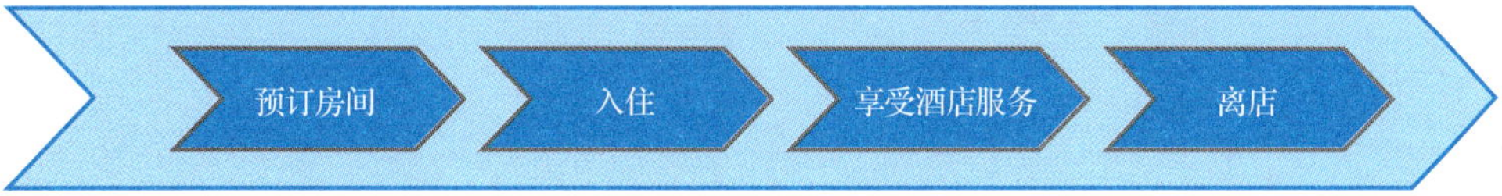

图 2-8　酒店住宿价值流示意图

2. 业务能力

目前主流的业务架构体系，如 BIZBOK、O-BA，其业务能力的相关定义，都是参考 Ulrich Homann 在 2006 年给出的定义，指“一项业务为达成特定目的或结果所拥有或交换

---

① 请参阅：Enterprise Business Architecture: The Formal link between Strategy and Results.

的特定能力和产能”。[①]

业务能力是一个非常重要的概念，不同人对业务能力的解读会差异较大，本书会在第3章先介绍业务能力相关的一些基本概念，在第5章进一步解析业务能力与业务架构其他核心要素之间的关系，并在第8章介绍业务能力相关的关键交付物。

在后续章节围绕价值流、能力等内容进行展开的过程中，本书会尝试关联“价值链+流程”的相关要素，并形成一整套融合的业务架构体系，以期读者能看到业务架构全景图，对业务形成整体认知。

[①] 请参阅：A Business-Oriented Foundation for Service Orientation，Ulrich Homann，2006.

第二部分　业务架构基础知识

通过第一部分的介绍，我们已经基本清楚企业架构是什么、业务架构是什么、业务架构与企业架构之间的关系，以及业务架构和数据架构、应用架构、技术架构之间的基本关系。也初步介绍了业务架构的发展历程和两大主流业务架构体系，并强调“价值流+能力”这套业务架构体系是本书希望重点介绍和推广普及的内容。

在对“价值流+能力”这套业务架构体系进行展开介绍时，我们会按照循序渐进的思路进行。

- **先掌握基础知识**：对于国内人员而言，“价值流+能力”这套业务架构体系可以说是一门新兴学科，我们需要先了解并确保对关键概念和业务术语的理解。本书会分成两部分介绍 10 个主要业务要素，第 3 章介绍 4 个核心要素，第 4 章介绍 6 个扩展要素。在所有要素中，“业务能力”是重中之重，在介绍过程中会进行充分扩展。
- **再深入进阶**：掌握了基础知识后，我们会进一步梳理和介绍业务架构各要素之间的协同关系（第 5 章和第 6 章）、业务架构与其他架构的关系（第 7 章）。通过第三部分的贯通和剖析来加深对业务架构自身及周边要素的全面理解。

第二部分将介绍基础知识相关内容，主要涉及两方面：

- 第 3 章，业务架构核心要素；
- 第 4 章，业务架构扩展要素。

3

第 3 章 业务架构核心要素

第 2 章所提到的以“价值流+能力”为基础的这套业务架构知识体系，其所包含的 10 个业务要素分布在两个圈里（里圈和外圈），本章将会介绍里圈 4 个业务架构核心要素的基本概念，尤其会针对“价值流”和“业务能力”进行重点介绍。

本章涉及的主要内容有：

- 价值流；
- 业务能力；
- 信息；
- 组织。

3.1 价值流

对于一个市场化的企业，基本都会强调“以客户为中心、以价值为导向”的理念。价值流这个概念的导入，对于牵引和体现这个理念有重大帮助。在此我们一起了解与价值流相关的主要概念：

- 价值主张；
- 价值流；
- 价值流阶段。

3.1.1 价值主张的基本概念

价值主张是指某种产品、服务或组合，能帮助客户解决问题或给客户带来体验或收益，客户因而也愿意为所获取的价值支付一定的费用。人们日常生活中涉及的吃、穿、住、行、学习、娱乐等事宜，都需要有各种各样的产品和服务来满足相应的生活所需。

战略大师卡普兰和诺顿曾说过，“战略是基于差异化的客户价值主张，让客户满意是可持续价值创造的源泉。”[①]对于一个市场化的企业，企业负责人需要通过特定的产品和服务向外部客户提供价值，与此同时，需要确保企业所付出的成本低于客户所能支付的费用（投入产出比），进而保障企业可以良性可持续地运转，持续向客户交付价值。

价值主张一般是站在企业角度而言的，其目的是满足客户角度的价值诉求。在商业画布九宫格中，价值主张处于中心位置；与此同时，在谈论价值主张时，一定会结合目标客群来谈。当一个企业要决策是否在某个产品或服务上进行投入时，首先需要分析和明确相关的产品和服务，到底服务哪个客群、到底提供什么样的价值，以及相关产品和服务的定价是否是目标客群所能承受的。

关于如何创造客户真正需要的产品和服务，亚历山大·奥斯特瓦德（Alexander Osterwalder）、伊夫·皮尼厄（Yves Pigneur）等在 2014 年出版的《价值主张设计》（*Value*

---

① 请参阅：Robert S. Kaplan, David P. Norton. Strategy maps：converting intangible assets into tangible outcomes, Harvard Business Press, 1 February 2004.

Proposition Design）一书中进行了详细的介绍和说明，有兴趣的读者尤其是从事“产品”相关工作的人士可以进一步学习和了解。

3.1.2　价值流的基本概念

前面第 2 章中提到过，BIZBOK 给出的价值流定义是：为客户创造结果的端到端活动的集合，客户可能是价值流的最终客户或内部使用用户。

图 3-1 是一个酒店服务的例子，表明价值流是一个端到端的价值增值活动集合，是为了向利益相关者交付价值（能解决特定客户需求的产品或服务）。一个价值流会涉及多个价值流阶段，每个阶段都会为利益相关者贡献相应阶段所产出的价值项，通过各阶段的价值项汇总来实现对目标客户的整体价值交付。

图 3-1　酒店住宿的价值流及价值阶段示意图

价值流有以下 3 方面关键特征：

- 需要向特定利益相关者交付价值（针对特定目标客群）；
- 需要达成目标客群的特定价值诉求；
- 价值流的每个阶段，都需要带来价值增量。

基于价值流的上述 3 方面关键特征，我们来了解一下价值流的优势及现存的一些不足之处。

1. 价值流的优势

当我们引入“价值流”这个概念时，经常被拿来和流程进行比较。相比于平常所说的

"流程"，价值流的优势如下。

（1）价值流会更有针对性，它针对的是特定目标客群、特定的价值主张，目标明确。

（2）价值流的结果导向及价值增量的诉求会更加强烈，依据价值流分析，更容易辨识出哪些环节对于交付客户价值诉求是增值的、哪些环节是不增值的。无价值增量的环节理论上可以去掉或弱化，这将有利于避免"流程越做越重、疲于应付而收效甚微"的情况。

2. 价值流应用目前存在的不足

在企业中实际应用"价值流"时，经常会碰到下面两类典型问题。

（1）价值创造重复的问题：目前给出的价值流定义，可以由不同的利益相关者（Stakeholder）来触发，利益相关者可以是外部的，也可以是内部的，这容易导致内、外价值流所创造的价值出现重复和混淆的问题。理论上来说，我们要把企业当成一个整体来看，企业所创造的价值应该是所有交付给外部客户的价值。企业内部的所有活动，都是在为外部客户服务，内部活动的价值增量会体现在为外部客户创造的价值上，可以简单理解为企业内部活动是外部客户价值流的一个组成部分。

（2）价值流的数量控制问题：一个企业有多少条价值流比较合适？理论上来说，围绕1个目标客群的1个价值诉求，就可以触发1条价值流；1个目标客群如果有 n 个价值诉求（如需要电脑、需要打印机、需要音箱、需要手机等），就可以有 n 条价值流。与此同时，如果目标客群有多个（比如 m 个），这么一来，理论上可能会有 $m*n$ 条价值流。

对于上述典型问题（1）的处理，笔者个人的建议是回归初心——既然我们强调以客户为中心，我们谈的"价值"主要是针对外部客户的，那么在考虑价值流时，只考虑外部客户触发的价值流，除了战略相关活动，企业内部的其他各种活动，只是一个个用来直接或间接支撑外部客户价值流实现的组成部分，这样的解构逻辑会比较清晰，避免重复和混淆。

对于上述典型问题（2），比较常见的处理方式是，一方面对目标客群，进行适当归类（比如，分为ToB客户和ToC客户，或者分为"大客户""中小客户""个人消费客户"）；

另一方面可对目标客群的价值诉求进行提炼合并，类似的价值诉求可以归为一类（比如，需要的话可以考虑把电脑、打印机、音箱等需求都归为一类——“电脑及配套产品”）。进行上述处理后，如果价值流数量还是比较多，那么可以基于对业务的理解，识别出有哪几条是企业的核心价值流，对于非核心的价值流可以适当弱化或忽略，以确保企业的有限资源聚焦在核心价值流的实现上。BIZBOK 给出的基本参考建议是：价值流属于相对高阶的概念，一个企业的主要价值流数量一般不超过 20 条。

3.1.3　价值流阶段的基本概念

下面我们继续以酒店住宿价值流为例，进一步分解该价值流的主要组成。

1. 价值流阶段的概念和特征

在图 3-1 中，酒店服务的整个价值流由 4 个主要阶段组成：预订房间、入住、享受酒店服务、离店，这 4 个阶段我们称之为“价值流阶段”。整个价值流，是为了整体交付特定客群的价值诉求。而其中的每个价值流阶段，都会贡献相应的价值增量，以确保客户所需整体价值的逐步实现和完整交付。

价值流阶段的 3 个主要特征如下。

（1）每个价值流阶段都有对应的“价值项”，可理解为它是该阶段为客户带来的价值增量。若某个阶段无法为实现客户所需价值带来增量或做出贡献，理论上这样的价值流阶段可以舍弃。

（2）每个价值流阶段都有进入条件。只有满足特定前提条件才能进入某个环节，通过对前提条件的确认和保障，有利于该价值流阶段顺利实现该阶段对应的价值项。

（3）每个价值流阶段都有退出条件。设立明确的退出条件或退出要求，可以快速验证该阶段是否顺利完成该阶段的任务，并相应触发下一个环节。

2. 价值流阶段示例

结合上方所描述的价值流阶段的概念和特征，基于酒店住宿场景给出价值流阶段示例如表 3-1 所示。

表 3-1 价值流阶段示例

价值流阶段名称	描述	利益相关者	进入条件	退出条件	价值项
1. 预订房间	通过网络或电话预订酒店房间	客户、预订服务人员等	客户在特定地域有临时住宿需要	生成预约订单，完成酒店房间的预订	客户提前订上房间，住宿安排获得保障
2. 入住	提供相关证件及押金等，酒店前台办理入住	客户、前台服务人员等	提供预约订单信息，提供身份证明及押金（预付款或预授权）	完成信息核实及预付款收取，客人获得房间钥匙或房卡，房内设备设施可用	客户拿到房间钥匙，房内设备设施可用，可以入住
3. 享受酒店服务	住宿期间，客户享受酒店的住宿、餐饮及相关配套服务	客户、前台/住宿/餐饮等服务人员	客户拿到房间钥匙或房卡，且房内设备设施可用	客户已享受约定日期的酒店服务，已到约定退房时间	客户享受酒店住宿、餐饮及配套服务
4. 离店	前台办理离店手续，退回押金	客户、前台服务人员等	已到退房时间或客户提前退房	完成离店手续	客户完成离店手续、拿回押金（收回剩余预付款或取消预授权）

表 3-1 所给出的是一个基本的价值流阶段描述模板，一般会包括价值流阶段名称、描述、利益相关者、进入条件、退出条件、价值项这 6 个要素。企业在具体应用时可根据需要考虑是否增加下面这些补充列。

（1）可将利益相关者拆为两列，一列是触发型利益相关者（Triggering Stakeholder），另一列是参与型利益相关者（Participating Stakeholder）。特定的价值流往往是由于触发型利益相关者的特定价值诉求而产生的，而在价值流的各个阶段会有内部、外部众多利益相关者参与进来，主要是为了共同实现触发型利益相关者的价值诉求。

（2）当我们罗列“价值项”时，默认是站在客户角度来看的。如果需要，可拆为两列，一列描述客户所获得的价值（必填项），另一列描述企业所获得的价值（非必填项）。

（3）为了便于判断某个价值流阶段的完成质量，可引入适当的指标来衡量该阶段的产出效果（非必填项）。相关指标如果需要也可拆为两列，一列描述从客户角度需要完成什么考核指标，另一列描述从企业角度如何进行考核。在定义企业内部的考核指标时，建议先了解客户角度有什么考核指标，以确保企业内部的指标完成的确有助于客户侧相关指标的完成。

3.2 业务能力

BIZBOK、O-BA 等业务架构体系，都是以“价值流”和“业务能力”两大核心要素的交叉映射为基石的，而业务能力则是真正支撑“价值主张落地”的最关键要素。业务能力是本书最为核心的一部分内容，本节将展开介绍业务能力相关基础知识。

3.2.1 业务能力的定义和命名

目前主流的业务架构体系，如 BIZBOK、O-BA，其关于业务能力的定义，都是参考 Ulrich Homann 在 2006 年给出的定义，指“一项业务为达成特定目的或结果所拥有或交换的特定能力和产能”。

笔者认为 The Open Group 把业务能力定义为“做某事的能力”[①]，这种表述方式更加简单易懂。比如，某个企业或部门“有管理客户的能力”“有管理合作伙伴的能力”“有管理产品的能力”。为便于表述，往往我们会将相关能力表达成“客户管理能力”“合作伙伴管理能力”“产品管理能力”等。这些表达形式的特点是通过“名词+动词”来命名某项业务能力的。

---

① 请参阅：TOGAF Series Guild-Business Capabilities（G189），The Open Group，2018.

3.2.2 业务能力的识别

越来越多企业开始强调“能力建设”，期望通过加强或打造“核心能力”以逐步形成企业的核心竞争力。那么企业要关注哪些能力、如何来识别“能力”，就成了必须要解决的问题。识别业务能力的常见方法有下面几种。

（1）基于企业运行所涉及的业务对象来识别。

比如，围绕“客户”“合作伙伴”“产品”“合同”“项目”等，可识别出“客户管理”“合作伙伴管理”“产品管理”等业务能力。

（2）利用企业已有流程来识别。

尤其对于流程基础比较好的企业，可以基于价值流各阶段快速识别对应的相关流程，进而梳理识别相关业务能力。

（3）参考业界最佳实践或成熟模型。

比如产品领域有 PACE 模型（产品及周期优化相关），供应链领域有 SCOR 模型（供应链运作相关）等，均可作为参考。

（4）利用成熟软件包中相关分类进行识别。

软件包一般是基于特定场景、特定业务逻辑开发出来的，业内成熟的软件包往往包含了特定领域较成熟的业务管理逻辑及相关业务能力，可供参考。

其中第 1 种方法是最为基本的梳理方法，也是业务架构协会（BA Guild）比较推荐的方法。业务对象是一个非常重要的抓手，本书后续在第 3.3.2 节也会进一步阐述业务能力与信息如何围绕业务对象进行关联。

3.2.3　业务能力的构成

近年来，“能力”这个词的使用热度很高，经常会在各种场合被提到。能力可以针对个人，也可以针对企业组织，本书主要针对企业/组织层面来定义和探讨能力。对于企业/组织的业务能力，在不同语境下其所涵盖的内容有所不同，不同理论体系、不同人对业务能力的理解也会有差异。接下来我们会尝试通过分析业务能力构成，来梳理业务能力的关键组成要素。

目前已有多个知识体系涉及业务能力的构成要素问题。比如，The Open Group 在 TOGAF 系列指南—业务能力[①]中，提到了业务能力由 4 部分构成：

（1）角色（Roles）；

（2）流程（Processes）；

（3）信息（Information）；

（4）资源（Resources）。

Amit Tiwary 和 Bhuvan Unhelkar 在 *Outcome-Driven Business Architecture*[②]一书里描述了业务能力由下述要素组成：

（1）人员（People）；

（2）流程（Process）；

（3）技术（Technology）；

（4）资源（Resources）；

---

① TOGAF Series Guide – Business Capabilities, 2018.06.

② Amit Tiwary & Bhuvan Unhelkar. Outcome-Driven Business Architecture, 2019.

（5）信息管理（Information Management）；

（6）知识管理（Knowledge Management）。

在这两套理论体系中，都提到了“资源”。近些年，“资源”在国内也成为了一个热词，企业运作所涉及的方方面面在一定程度上都可以理解为资源，比如资金、品牌、人力、客户、IT、信息/数据、平台、技术、专利、公共关系等。由此可见，在国内提到“资源”时，可涵盖的内容很多，当我们把它和“人员、技术、信息”等构成要素放在一起时，区分边界不太清晰，比较容易引起混淆。

为了能更好地理解业务能力是什么并进行深入解构，我们先从企业老板的角度思考和解读一下，然后进一步探讨和梳理业务能力的构成要素。

一般来说，企业老板要的是“最终结果”，要求相关负责人能把某事干好、干成。事情能否干成，影响因素很多，比如：

- 没有原材料或原材料供应不足，比如房地产企业建房出售需要“地块”；
- 没有好的工具/设备，比如生产半导体芯片需要“光刻机”；
- 没有合理、固化的流程；
- 没有稳定、易用的 IT 系统；
- 没有合格、足量的人才。
- ……

上述示例中的相关要素都可能导致事情办不成、最终结果无法落地，都可作为业务能力的构成要素之一。我们要把“业务能力”全景要素看清楚，需要有个相对合适的分类，并尽可能做到不重复、不遗漏，这将有利于大家的理解和掌握。

其实我们所说的“把事做成”，可以理解为一个“劳动生产”的过程。本书倾向于借鉴和参考生产力相关的要素来进行业务能力解构。比如，在特定的业务场景下（针对某类客户，生产或提供特定产品和服务），将会涉及下列要素：

（1）劳动者（相关组织/人员）；

（2）劳动对象（各种原材料）；

（3）劳动资料（各种技术、工具、设备）；

（4）劳动过程（各种流程）；

（5）劳动产品（生产出来的产品或服务）。

上述 5 个要素的基本关系，如图 3-2 所示。

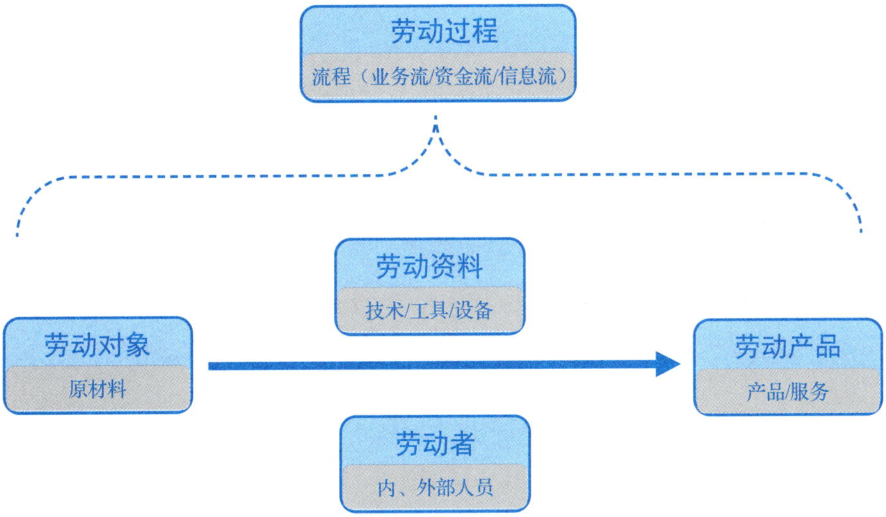

图 3-2　业务能力构成要素关系图

图 3-2 中我们引入“劳动产品、劳动对象、劳动资料、劳动过程、劳动者”这些术语，主要是为了方便大家理解“把事做成”背后的关键要素和逻辑关系。采用这些词来描述业务能力的组成相对更好理解一些，但“劳动对象”和“劳动资料”这两个词仍然比较容易混淆。真正在企业里梳理业务能力的时候，我们建议采用更具象化的术语，比如“原材料”“技术/工具/设备”，更便于大家进行区分和理解，具体可参见表 3-2。

表 3-2　业务能力构成要素

1.劳动产品	1.产品/服务	1.1 产品
		1.2 服务
2.劳动对象	2.原材料	2.1 常规原材料（如土地/矿石）
		2.2 特殊原材料（如数据）
3.劳动资料	3.技术/工具/设备（*）	3.1 非 IT 技术/工具/设备
		3.2 IT 技术/工具/设备（*）
4.劳动过程	4.业务过程/流程（*）	4.1 业务流（*）
		4.2 资金流
		4.3 信息流（*）
5.劳动者	5.组织/人员（*）	5.1 内部组织/人员（*）
		5.2 外部组织/人员（*）

对于业务能力，除了考虑由哪些要素来构成，后续章节还会涉及能力的分层或分级。按照能力颗粒度不同，可分为一级能力（L1）、二级能力（L2）、三级能力（L3）等。对不同层级的业务能力进行具体描述时，会存在一定差别。比如，在描述表 3-2 中第 5 部分"组织/人员"时：

- 当能力层级较高、颗粒度较粗时（比如 L1、L2 层级能力），可对应到"相关组织或部门"进行描述；
- 当能力层级较低、颗粒度较细时（比如 L3 层级能力），这一部分的描述可对应到"具体的岗位、角色或个体人员"。

与此同时，在具体描述"组织/人员"时，由于不同企业的现有基础不同，也可能带来能力描述上的差异，我们可以因地制宜、找到较切合实际的描述方式，比如：

- 对于流程体系很成熟、很规范的企业，往往已经清晰定义流程中各环节的角色，以及相关角色主要由哪些部门、哪些岗位的人员来执行；具备这种前提条件的，可考虑通过相关角色来描述“组织/人员”；

- 如果一个企业的流程体系还不是很成熟，角色和不同部门、不同岗位之间也尚未形成清晰的对应关系，在描述“组织/人员”时，建议直接列出相关的部门/岗位，这种描述方式有利于更具象化、更准确地理解某个能力要执行落地，到底和“谁”有关。

另外，“数字化”对于大多数企业的发展而言，已逐渐成为关键驱动要素。在数字化转型过程中，对于业务能力的描述往往会侧重于“流程、组织、IT、数据”这几方面，我们在表 3-2 中标注了（*）号，供参考。

3.2.4　业务能力卡片

基于上节对业务能力构成要素的梳理（5 大部分），我们可以利用业务能力卡片来具体描述相关能力，并持续更新版本，如表 3-3 所示。

表 3-3 的业务能力卡片模板较完整地反映了业务能力的主要构成要素。若这些主要构成要素中有一个做得不到位，就有可能导致整个业务能力无法落地。

具体在使用业务能力卡片过程中，可结合特定项目的目标及侧重点进行适当地裁剪和调整。

- 若某个企业要重点梳理和打造企业核心竞争力，建议用上述 5 个大的方面、11 个分项来完整分析相关业务能力的方方面面，以便看清特定业务能力的全景要素，进行全盘考虑，减少决策风险。在描述某个特定能力时，若某个方面或某个子项不涉及，可标识为“NA”，表示“不适用”。如果对特定行业、特殊业务进行业务能力分析时，发现表 3-3 中的 11 个分项不够用或部分分项不太适用，则可根据企业具体情况进行适当补充和调整。

- 若某个企业在做数字化转型相关项目，往往会侧重数字化相关的重点要素，可围绕“流程、信息、组织、IT”对业务能力卡片进行适当剪裁和简化。

表 3-3　完整版业务能力卡片（示例）

<table>
<tr><td>业务能力：
层级-编码-名称</td><td>L3-1.1.2
XX 能力</td><td>上级业务能力：
层级-编码-名称</td><td>L2-1.1
XX 能力</td><td>战略
影响</td><td>关键（C）
重要（I）
一般（N）</td><td>数字化
依赖度</td><td>高（H）
中（M）
低（L）</td></tr>
<tr><td>业务能力定义</td><td colspan="7"></td></tr>
<tr><td rowspan="2">1.产品/服务</td><td>产品</td><td colspan="6"></td></tr>
<tr><td>服务</td><td colspan="6"></td></tr>
<tr><td rowspan="2">2.原材料</td><td>常规原材料</td><td colspan="6"></td></tr>
<tr><td>数据</td><td colspan="6"></td></tr>
<tr><td rowspan="2">3.技术/工具</td><td>非 IT 技术/工具</td><td colspan="6"></td></tr>
<tr><td>IT 技术/工具</td><td colspan="6"></td></tr>
<tr><td rowspan="5">4.流程/活动</td><td>业务流</td><td colspan="6"></td></tr>
<tr><td rowspan="2">信息流</td><td>输入信息</td><td colspan="5"></td></tr>
<tr><td>输出信息</td><td colspan="5"></td></tr>
<tr><td rowspan="2">资金流</td><td>资金流入</td><td colspan="5"></td></tr>
<tr><td>资金流出</td><td colspan="5"></td></tr>
<tr><td rowspan="2">5.组织/人员</td><td>内部组织/人员</td><td colspan="6"></td></tr>
<tr><td>外部组织/人员</td><td colspan="6"></td></tr>
<tr><td>能力负责人</td><td>张 XX</td><td>卡片编写人</td><td colspan="2">王 XX</td><td colspan="2">能力卡片版本</td><td>v1.0</td></tr>
<tr><td>负责人
所属部门</td><td>XX 部门</td><td>卡片评审人</td><td colspan="2">张 XX、李 XX</td><td colspan="2">完成评审时间</td><td>2020.12.30</td></tr>
</table>

3.2.5　业务能力分类

当我们所面对的某个系统或体系规模很小，或者里面的要素很简单时，我们很容易就能把这个体系看得清清楚楚。但如果我们面对的是一个有一定规模和体量的复杂体系，就需要引入一些方法对复杂体系进行解构。对于企业而言，尤其是一些多事业部多业务并行、员工规模上万的集团型企业，涉及方方面面的能力，能力与能力之间也会存在包含或依赖的关系，往往需要采用分类、分层的手段对其进行梳理和解构，才能真正把企业级的整体业务架构看清楚。

本节将会重点探讨业务能力分类的问题。

对业务能力进行分类的维度很多，本节主要探讨较为常见的分类维度。

在 1985 年，迈克尔·波特推出价值链理论，首次推出了“纵横叠加”的两大活动分类：纵向列出的是“Primary Activity”，是核心业务活动，国内往往翻译为“基本活动”；横向列出的是“Support Activity”，被称为“支持性活动”，辅助基本活动的顺利开展。该理论产生了非常巨大的影响，很多主流知识体系中都可以看到波特价值链的印记。比如 APQC 组织推出的 PCF 将 L1 层级流程分成两大类：一类是运营流程（Operating Process），另一类是管理和支持流程（Management and Support Process），这两大分类基本参考了波特价值链的基本分类逻辑。

在 2008 年，IBM 发布了 CBM（Component Business Model）方法。该模型把业务能力分为 3 类：引导（Direct）、控制（Control）、执行（Execute）。这 3 类业务能力能较好地区分和对应企业内不同人员的责任级别，这种分类方式对于强调责任级别的企业，有一定的参考作用。

在 2011 年，随着 BIZBOK 的推出和不断完善，业务架构协会（BA Guild）给出的建议是把业务能力分成 3 大类：战略能力（Strategic Capability）、核心能力/面向客户的能力（Core/Customer Facing Capability）、支持能力（Supporting Capability）。笔者认为，核心能力及支持能力在一定程度上继承了波特价值链两大分类的思路，在此基础上增加了战略能力，以强调其指挥及牵引作用。这种解构方式值得参考，尤其是大型企业在进行 L1 层级业务能力解构时可适当借鉴。

考虑到“价值流-业务能力”业务架构知识体系是相对新兴的学科，国内也是近几年才起步的，各个行业的业务能力框架参考资料也较少。本书会围绕制造行业进行一定的探索和输出，抛砖引玉。我们在融合国内外多套业务能力框架的基础上，结合了多个制造企业的实际情况，尝试给出制造行业参考性 L1 层级业务能力框架，如图 3-3 所示。

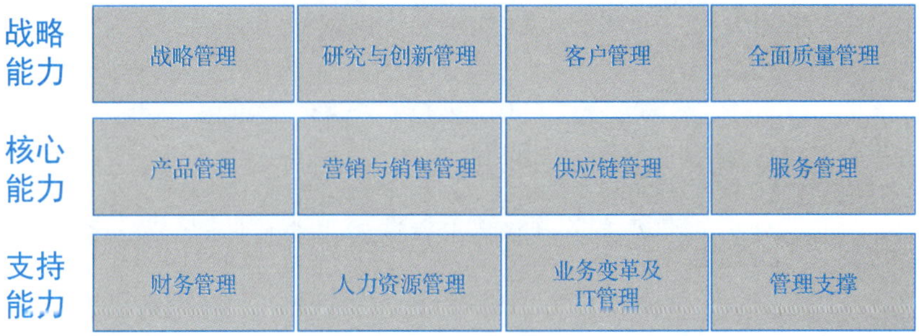

图 3-3　制造行业企业 L1 层级业务能力参考

图 3-3 列出了制造行业企业的 12 个 L1 层级业务能力，其中中间 4 个能力是面向客户的核心能力：产品管理（Product）、营销与销售管理（M&S）、供应链管理（SC）、服务管理（Service），这 4 个能力支撑了制造企业的主业务流。最上方的 4 个能力属于战略能力：战略管理（Strategy）、研究与创新管理（R&I）、客户管理（Customer）、全面质量管理（TQM），主要起牵引作用。最下方的 4 个能力属于支持能力：财务管理（FIN）、人力资源管理（HR）、业务变革及 IT 管理（BT&IT）、管理支撑（BMS）。各个企业实际涉及的支持能力很多，其中的财务管理、人力资源管理、业务变革及 IT 管理对于现代化制造企业影响很大，所以把这 3 块单独罗列出来，其他很多能力比如“法务”“风控合规”“项目管理”“行政后勤”等暂时合并归入管理支撑（BMS）部分。实际梳理和设计业务能力框架时，各个企业可以根据自己的需要进行适当调整。

3.2.6　业务能力分层

在第 2 章介绍 PCF 时，我们提到了 5 级流程体系。考虑到国内企业在表达 L1 层级时，比较习惯使用“XX 域”“XX 领域”的字眼，我们在进行中文翻译时，倾向于将 PCF 的 L1～L3 层级翻译为“流程域”“流程组”“流程”，如图 3-4 所示。

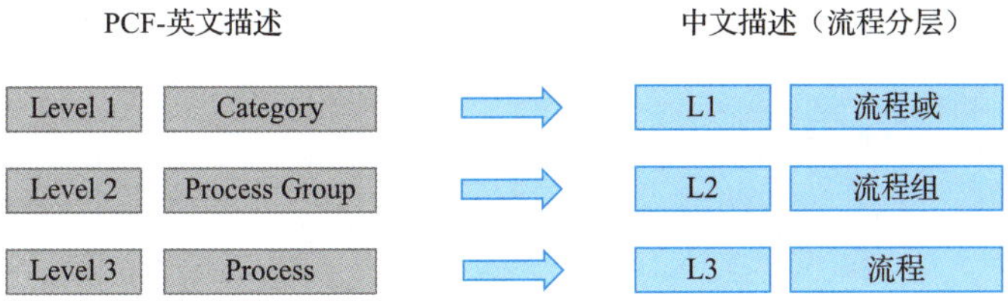

图 3-4　流程分层（中文描述示例）

与此同时，在企业里推行 EA 体系时，不仅仅涉及业务流程分层、业务能力分层，还会涉及“数据架构分层”“应用架构分层”等。不同架构理论体系、不同企业在描述不同架构的不同层级时，会给出各种各样的名称。即使同一个企业在描述不同架构的不同层次时，相关的取名逻辑也不尽相同，企业里的人员仅仅是记这些名词、记不同名词的层级关系，就要费一番脑筋，个人认为这是一种“内耗”，非常不利于 EA 在企业内的宣贯、应用和推广。

考虑到建立企业架构体系，其中的一个关键目的就是要在企业内建立一套统一的语言，以便大家理解和互通。笔者强烈建议，企业在引入各种术语或名称时，要以方便广大企业人员的理解和记忆为出发点，尽量统一和简化相关术语的名称，比如对于 L1～L3 层级，都是用“XX 域”“XX 组”“XX”来统一表达，如图 3-5 所示。

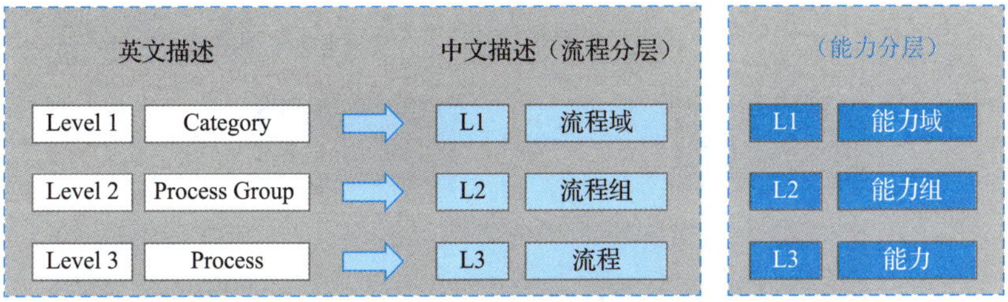

图 3-5　业务能力分层（中文描述示例）

图 3-5 中的业务能力分层，建议 L1～L3 层级的命名为“能力域”“能力组”“能力”，统一分层命名逻辑，方便记忆。

3.2.7 业务能力热力图

我们前面对业务能力的构成要素进行了解构，后续对业务能力情况进行评估时，就可以根据各个要素的成熟度进行打分，然后汇总形成对业务能力的整体评估。我们可简单理解为做两次评分，第一次是对业务能力各分项情况进行评分（分项），第二次是对整体业务能力进行评分（总体）。

在对各个业务能力进行评分时，就会发现有的业务能力得分较高，有的得分较低，这是我们期望看到的效果。对于业务能力评分，国内外会有多种评分及表达方式。BIZBOK在对业务能力进行评估的时候，首先分成两类，一类是已评估的业务能力，一类是未评估的业务能力。对于已评估的能力按 5 档划分：1.工作良好；2.较好；3.有问题但不严重；4.问题严重；5.能力缺失。

对于业务能力的评分，较为普遍、较为简化的办法是分为 3 档：1.问题严重（含能力缺失）；2.有问题但不严重；3.能力良好，分别用不同颜色来表示。不同能力模块配上颜色后形成简单直观的业务能力热力图，如图 3-6 所示。

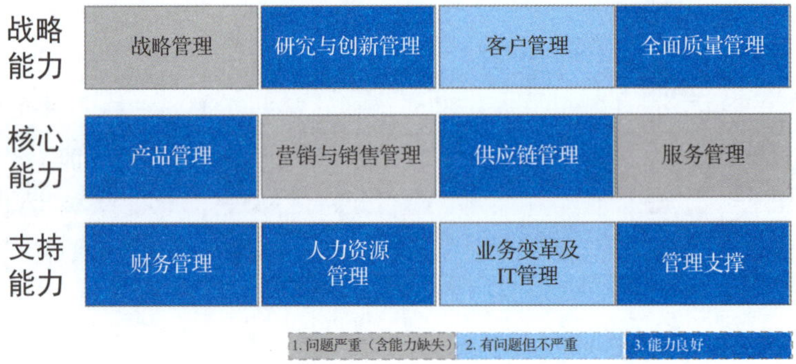

图 3-6 业务能力热力图（示例）

通过图 3-6 的业务能力热力图，可以简单直观地暴露出整个企业的主要能力短板，便于集团及事业部高层快速发现各层级的业务能力问题、便于快速定位和决策。与此同时，建议在能力热力图上标识另外两个维度的信息：一是该能力“是否是核心能力”，二是该能力“对 IT 的依赖度”。如果是核心能力，那就需要重点关注，尽早提升相关能力水平。如果对 IT 依赖度较高，那么在规划信息化、数字化、智能化战略时，就需要重点覆盖和加强。

关于能力热力图，本章提供了基本说明，先让大家有一个初步的概念，关于业务能力热力图的深化使用，我们在第 8 章会进一步介绍。

3.3　信息

近 10 年来，随着 IT、DT 技术的不断普及，越来越多人开始重视信息或数据。我们一起快速了解一下信息的概念、信息与能力的关系，以及信息架构分层等相关内容。

3.3.1　信息的概念

有多个组织和多套理论体系对“信息”给出了各自的定义。我们在本书介绍“信息”的主要目的是方便大家理解“信息是什么、信息与能力的关系是怎样的”。这里参考 BIZBOK 所引用的定义，“信息是经验证为准确及时的数据，它针对特定目的而组织、在赋予它涵义和相关性的上下文中呈现，用以增加理解和减少不确定性。”

信息和数据是紧密相关的，很多场合都会把信息和数据等同起来。对于架构而言，有些企业称为信息架构（Information Architecture，IA），有些企业则称为数据架构（Data Architecture，DA），表示的是相似的含义。在本书中，不对“信息架构”和“数据架构”做严格区分，在进行相关描述时可以相互替代。

3.3.2　信息与能力的关系

关于信息架构或数据架构的部分，不是本书的重点，大家如果希望体系化地了解“信息或数据”的知识体系，建议可以看一下 *DAMA BoK* 2.0；如果希望重点了解企业中对数据的管理和使用，可以看一下《华为数据之道》，应该能获得不少启发。

在本书中，主要希望描述清楚信息与能力的主要关系，以及信息架构与业务架构的关系。企业在实际业务运作过程中，会涉及很多与业务相关的人、事、物，比如客户、合同、项目、产品、设备等。围绕某个业务对象，会有一系列业务活动与之相关。对于某个特定业务对象及相关业务活动的管理，我们称之为“业务能力”。与此同时，该业务对象需要通过一定方式来描述或表示，我们称之为“信息”。由此可见，业务能力和信息都与特定业务对象相关，通过业务对象，可快速形成两者的对应和映射关系，如图 3-7 所示。

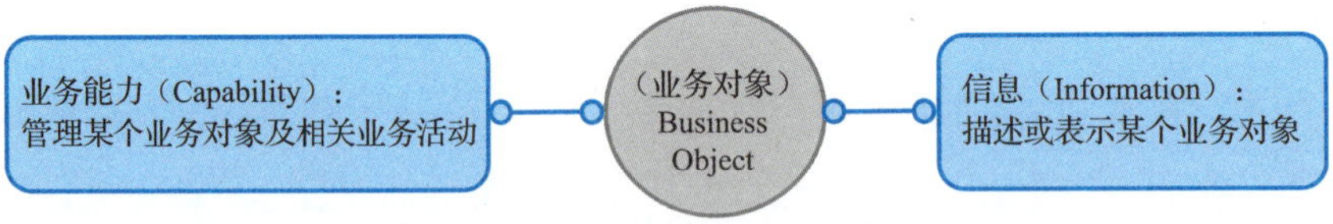

图 3-7　业务能力、信息与业务对象的关系

以客户为例，客户是每个企业都会涉及的典型业务对象，客户管理是一项关键业务能力，而客户信息则是客户相关的关键业务信息，如图 3-8 所示。

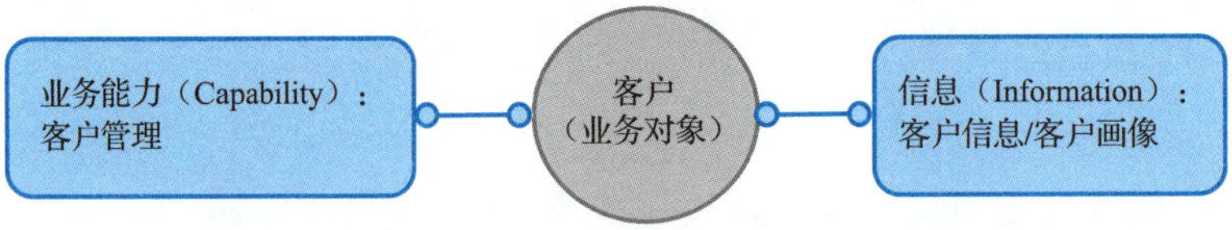

图 3-8　客户相关的业务能力及信息（示例）

3.3.3　信息架构或数据架构的分层

参考上方业务能力的分层，为了简化和统一不同层级的命名逻辑，建议在描述信息架构或数据架构时，对于 L1～L3 层级，也采用“XX 域”“XX 组”“XX”来统一表达。在描述数据时，人们比较习惯于用“主题（Subject）”来描述，数据架构 L1～L3 层级的中文命名建议，可参见图 3-9。

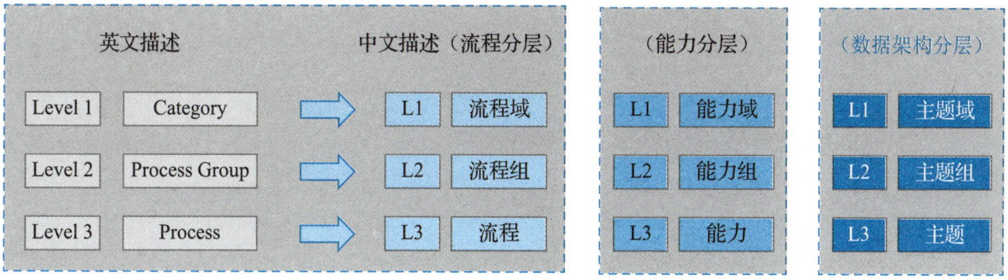

图 3-9　数据架构分层中文命名建议（示例）

在此补充说明一下，图 3-9 中对于业务流程、业务能力、数据主题按照统一的命名逻辑对 L1～L3 层级进行命名，主要是方便记忆及理解不同术语的层次关系。按照这种方式来处理以后，不同架构之间（比如业务架构 vs.数据架构），在多数情况下，在层级上是能够对应的（如 L3 层级的业务能力，对应 L3 层级的数据主题）。与此同时，也会存在一些情况，不同架构相互对应时，在层级上会有一些偏差（如 L3.5 层级的业务子流程，对应 L3 层级的数据主题），这都是正常情况。

3.4　组织

3.4.1　组织的概念

大多数人对于组织应该都比较熟悉，多套理论体系都对“组织”给出了各自的定义。我们在本书介绍“组织”，主要目的是方便大家理解“组织是什么，以及组织和能力的关系”，这里参考 BIZBOK 所引用的定义，“组织是由人组成的一种社会单位，进行系统地组织和管理以持续满足特定需求或达成集体目标。”

3.4.2　组织与能力的映射图

组织与能力的落地是紧密相关的，企业的各种能力都需要由内部或外部的组织来支撑或承载。图 3-10 给出了组织与能力映射的一个示意图。

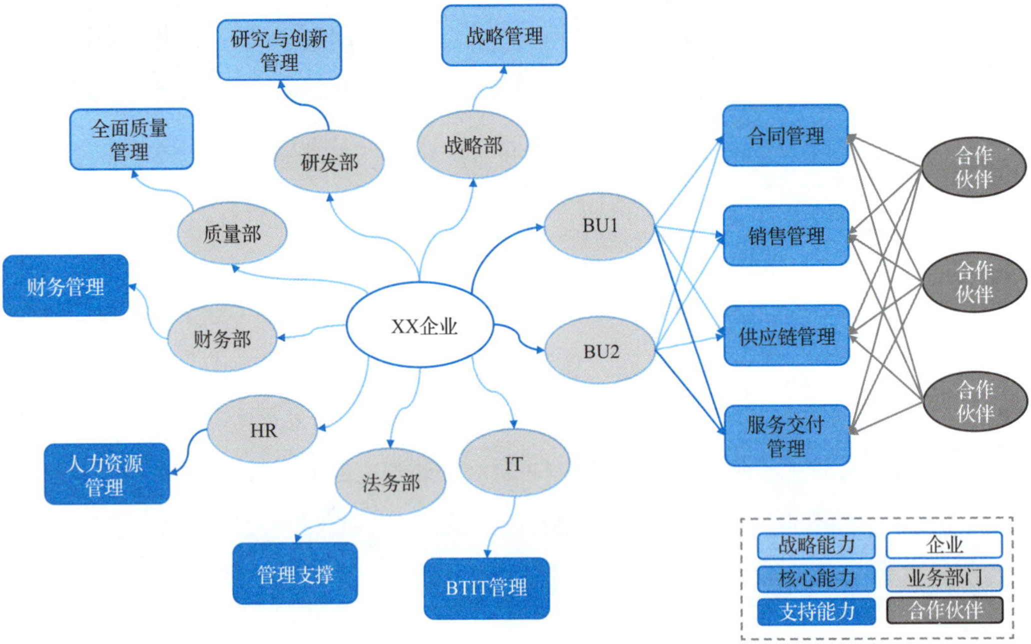

图 3-10 组织与能力映射图（示例）

图 3-10 中方框表示企业的各种能力，分别用浅蓝色、蓝色、深蓝色来表示战略能力、核心能力（面向客户）、支持能力。椭圆相关的表示各种组织，白底蓝框代表的是整个企业，浅灰色代表业务部门，深灰色代表合作伙伴。企业的内部业务部门与外部合作伙伴，都会关联特定的业务能力。

4

第 4 章 业务架构扩展要素

第 3 章介绍了里圈的 4 个业务架构核心要素，尤其针对“价值流”“业务能力”进行了重点介绍。本章会简要介绍外圈 6 个扩展要素的相关概念，让读者对相关要素快速形成基本认知。对于有兴趣进一步了解各个要素具体细节的从业者，笔者建议深入学习 BIZBOK 知识体系。

本章涉及的主要内容有：

- 战略；
- 利益相关者；
- 产品；
- 举措；
- 政策；
- 指标。

4.1 战略

4.1.1 战略的概念

参考 BIZBOK 所引用的定义：战略是一种模式或规划，它将组织的主要目标、政策和行动举措整合成一个有凝聚力的整体[①]。

通俗地理解，战略需要澄清和解决下面 3 个问题：

- 将来要去哪？
- 目前在哪？
- 怎么去？

4.1.2 战略相关方法论

与战略规划相关的方法和工具很多，如安索夫矩阵、波士顿矩阵、SWOT 分析、五力模型、战略定位分析（SPAN）等，这里会简单介绍国内外比较主流的两套战略分析方法。

1. BLM 方法论

BLM 指的是业务领导力模型（Business Leadership Model）[②]。该方法在 2003 年由 IBM 和哈佛商学院合作开发，对 IBM 的战略能力提升起到了重大作用，国内华为等公司从 IBM

[①] 来源: J.B.Quinn, Strategies for Change:Logical Incrementalism (Homewood:Richard D.Irwin, Inc, 1980).

[②] 来源: Dynamic Capabilities at IBM: Driving Strategy into Action, California Management Review, Vol 49.No.4, Summer.2007.

引入 BLM 方法，并进一步完善和推广。

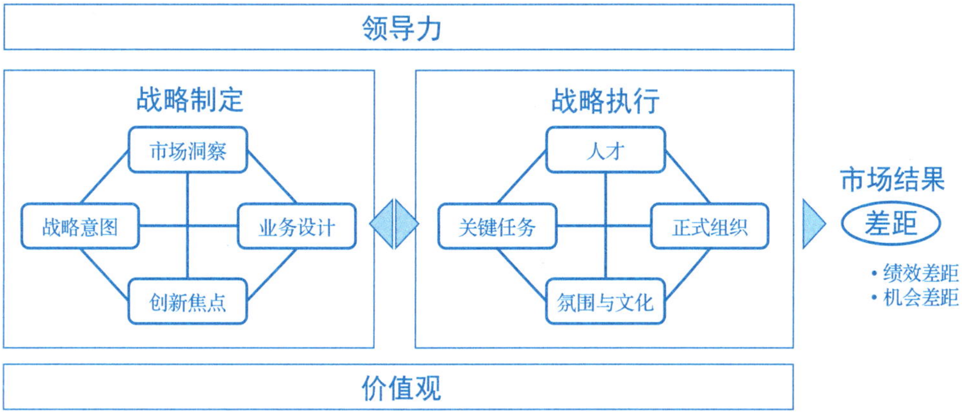

图 4-1　业务领导力模型

从图 4-1 可以看出，BLM 包含上、中、下 3 部分共 11 个模块，其中 BLM 的主体内容是中间部分。企业以差距为导向，通过战略制定的 4 个模块（市场洞察、战略意图、创新焦点、业务设计）和战略执行相关的 4 个模块（关键任务、人才、氛围与文化、正式组织）以达成所期望的市场结果。

下面我们简要了解一下战略制定和战略执行的 8 个模块。

与战略制定相关的有 4 个模块。

（1）市场洞察（Market Insight）：对宏观、行业、客户、竞争及合作伙伴等进行前瞻性洞察，理解趋势变化及相关变化对本企业意味着什么，识别相关机会与风险。

（2）战略意图（Strategic Intent）：为企业设定未来的总体方向和目标，它包含但不限于使命、愿景和战略目标。

（3）创新焦点（Innovation Focus）：根据绩效差距和机会差距探索创新，创新包括技术创新、商业模式创新、管理创新等。在创新投入时需要聚焦，将企业的核心资源投放在业务的关键创新点上。

（4）业务设计（Business Design）：是战略制定的关键落脚点。在对外部环境及内部资源深入理解和把握的基础上，通过业务设计来帮助企业抓住战略机会点。在早期的 BLM 原始版本中，业务设计包含 5 个要素，涉及客户选择（Customer Selection）、价值主张（Value Proposition）、价值获取（Value Capture）、主要活动（Scope of Activities）、可持续战略控制（Sustainability）。这套业务设计思路的推出，也为商业画布九宫格体系奠定了基础。有兴趣的读者，可以进一步了解商业画布（Business Canvas）的内容。

与战略执行方案相关的有 4 个模块。

（1）关键任务（Critical Tasks）：是满足业务设计和它的价值主张的要求所必须采取的措施和行动。

（2）正式组织（Formal Organization）：为确保关键任务有效执行，需要建立相应的组织结构、管理和考核标准，以便指导、控制和激励个人和集体去完成企业的重要任务。正式组织是战略的载体。

（3）人才（Talent）：指在重要岗位上或扮演重要角色且能完成出色业绩的人员，人才的选、育、用、留是每个市场化企业都需要重视的事项。

（4）氛围与文化（Climate and Culture）：好的工作环境、积极的氛围能激发人们的活力，使企业员工更加努力，创造出色业绩。

2. 战略地图

战略地图是《平衡计分卡》的作者卡普兰和诺顿输出的一套方法论。他们于 1990 年推出“平衡计分卡”知识体系之后，服务过很多客户，包括 IBM。经过 10 多年的实践和沉淀，他们又于 2004 年推出《战略地图》。

战略地图分为 4 个层面：财务层面、客户层面、内部层面、学习与成长层面，每一层面都会设定相关目标，各层之间相互关联、层层递进，以确保战略目标得以承接和落地，如图 4-2 所示。

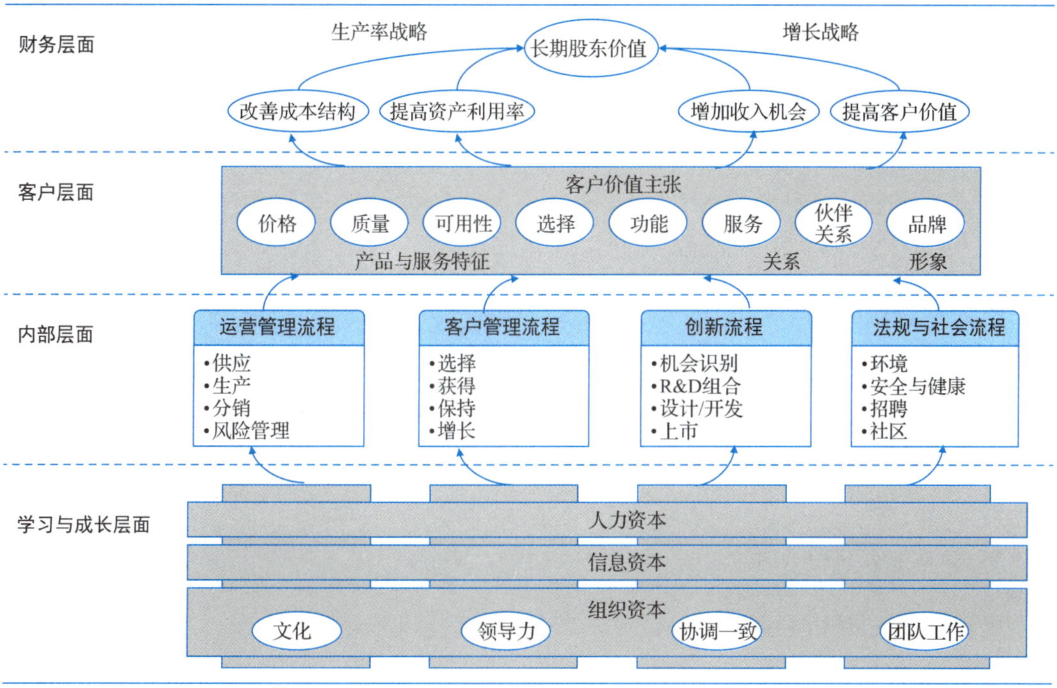

图 4-2　战略地图

BLM 体系从战略制定到战略执行，需要有一个战略解码的过程。而战略地图及平衡计分卡体系在战略解码方面具有一定优势，很多企业在战略实践中经常会把这两套方法结合起来使用。

战略要素会整体牵引企业的发展，国内近几年有很多企业在推动数字化转型，要实现企业的转型首先需要战略的引领。战略是一门复杂的学科，经过国内外几十年的发展，积累了很多战略分析方法和分析工具，感兴趣的读者朋友可进一步学习研究，逐步识别、融合，并在实践探索中不断迭代优化，逐步形成适合自身企业的战略管理方法论及实践。

4.2 利益相关者

在不同的理论体系里，我们经常会看到与“利益相关者”类似的词语，比如“利益相关方”“相关方”“利益关系人”“干系人”“涉众”等，这其实是中文翻译的问题，背后对应的英文术语都是“Stakeholder”。本书之所以倡导介绍某个中文术语时，最好把对应的英文术语附上，一则方便大家更好地理解，二则方便学有余力的同学自己进一步追溯和探究原文或一手资料。本节我们一并了解一下利益相关者的相关概念及关系：

- 利益相关者；
- 触发型利益相关者；
- 参与型利益相关者；
- 利益相关者地图。

4.2.1 利益相关者的概念

1. 利益相关者（Stakeholder）

对于“Stakeholder”，在 PMBOK 的中文版本中，之前的版本会翻译成“干系人”，在第六版中调整为“相关者”。本书倾向于将“Stakeholder”翻译为“利益相关者”。

这里引用业务架构协会所给出的一个定义：“一个内部或外部的个人或组织，通过特定的产出/成果来获取自己感兴趣的价值。”

2. 触发型利益相关者（Triggering Stakeholder）

前面我们已经探讨过，企业中的“价值流”是为了服务目标客户的特定价值诉求而导入的。这里所说的“目标客户”就是我们所说的“触发型利益相关者”，整个价值流就是由它触发的，比如酒店服务的价值流，其触发型利益相关者就是“房客”。

3. 参与型利益相关者（Participating Stakeholder）

为了满足或实现“目标客户”的价值诉求，往往需要很多的内部、外部人员或组织共同参与进来，我们称之为“参与型利益相关者”。仍以酒店服务的价值流为例，为了满足“房客”的餐饮住宿诉求，企业内部的各个部门（如采购部、房务部、餐饮部、保安部等）与外部的各种供应商都会协同配合，确保房客的诉求得以实现和落地。

各种内部、外部的参与型利益相关者，在满足和实现“房客”需求的同时，自身也会获得相应的回报。

4. 触发型和参与型利益相关者的关系

触发型利益相关者和参与型利益相关者的基本关系主要是“供需关系”。在图 4-3 中，基于“触发型利益相关者”的价值诉求导入特定价值流，在价值流各阶段，内部及外部多个部门参与其中，提供所需产品及服务。

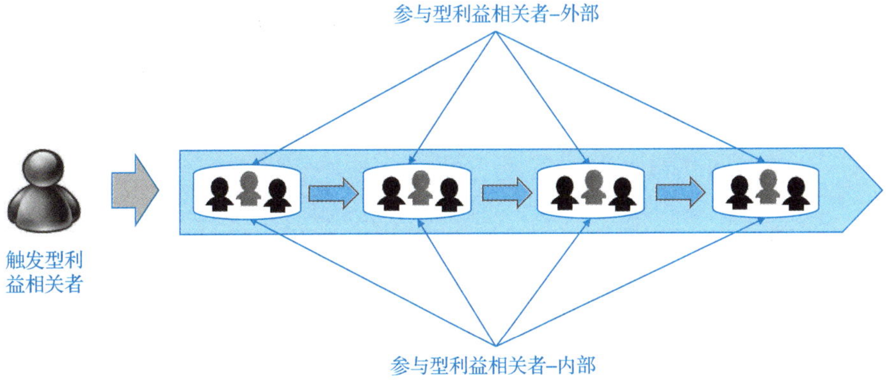

图 4-3　触发型利益相关者和参与型利益相关者的关系图

需要补充说明的是，触发型利益相关者触发某个特定价值诉求后，它也会在某些价值流阶段参与其中。

4.2.2 利益相关者地图

利益相关者除了与价值流紧密相关，与其他业务要素也有关联。图 4-4 表达了利益相关者和价值流、能力及信息之间的协同关系。

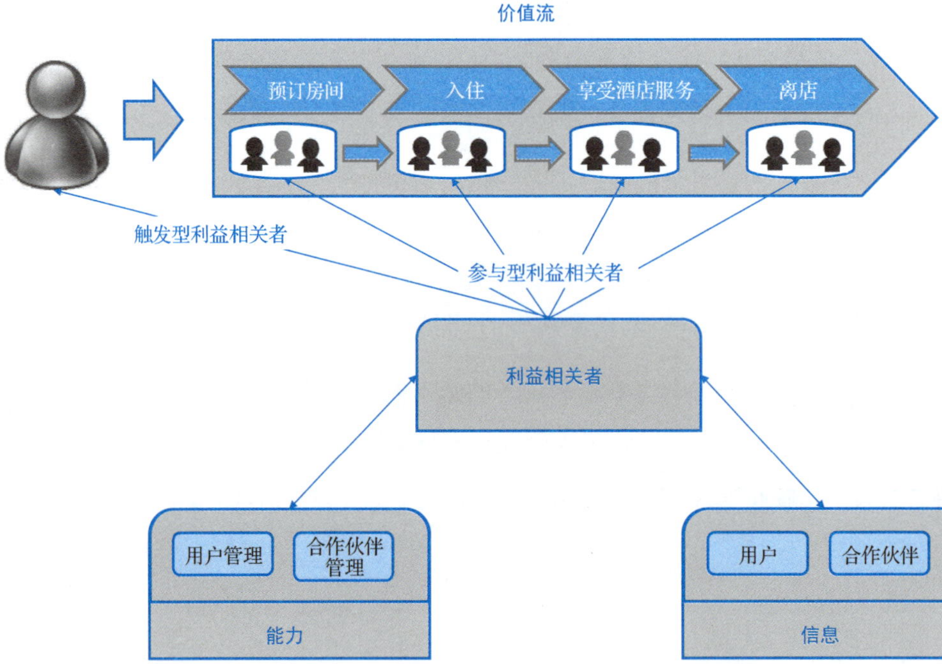

图 4-4　利益相关者与价值流、能力、信息关系图

4.3 产品

4.3.1 产品的概念

产品，是指某种商品、服务或两者的组合，它所提供的整体体验可满足客户的需要。

可以是有形的（如实物商品、一台电脑），也可以是无形的（如咨询服务）。

可以是标准型的产品或服务，也可以是定制化的产品或服务。

我们在前面讲到的客户价值诉求，最终的满足形式就是要提供相应的产品和服务。从这个角度来讲，我们可以认为产品或服务是最终价值实现的一个载体。

4.3.2　产品生命周期

产品生命周期（Product Life Cycle）理论是由美国哈佛大学教授雷蒙德·弗农（Raymond Vernon）于 1966 年提出的。一种新产品从开始进入市场到被市场淘汰，就像人的生命一样，要经历从生到死的多个阶段。

典型的产品生命周期一般分为 4 个阶段，即引入期、成长期、成熟期和衰退期，如图 4-5 所示。

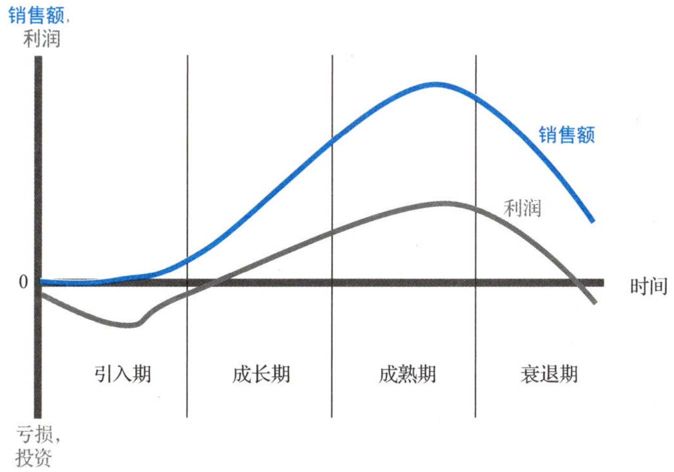

图 4-5　产品生命周期

产品生命周期的每个阶段都有自己的特点。

1. 引入期

当一个企业推出一款新产品时，这个阶段是投入最大、最具挑战的。一方面，在新产品上需要投入大量的人力、物力进行研发和测试；另一方面，新产品刚刚投入市场需要投入大量推广费用，而同期的产品销量相对有限。

2. 成长期

在成长阶段，随着市场的逐步打开，产品销量开始强劲增长。与此同时，受益于生产规模的提升，各种生产资料的成本会被摊薄，产品利润在这一阶段也开始逐步增长。

3. 成熟期

到了成熟期，市面上会出现大量的同类产品，一般来说这会是竞争最激烈的时期，企业的目标是保持已经建立的市场份额。企业不仅需要考虑在市场销售方面的投入策略，也需要考虑产品及服务如何持续改进、持续保持竞争优势。

4. 衰退期

最终一个产品的市场会开始萎缩，进入衰退阶段。这可能是由于市场趋于饱和（所有需要购买该产品的客户都已经购买），或者是消费者开始转向另一种类型的产品。虽然这种衰退可能是不可避免的，但企业仍有可能通过转向成本更低的生产方式和更廉价的市场来赚取一些利润。

4.3.3 产品地图

了解了产品生命周期后，我们可以简单了解一下产品与战略、利益相关者（客户）、价值流之间的基本关系，如图 4-6 所示。

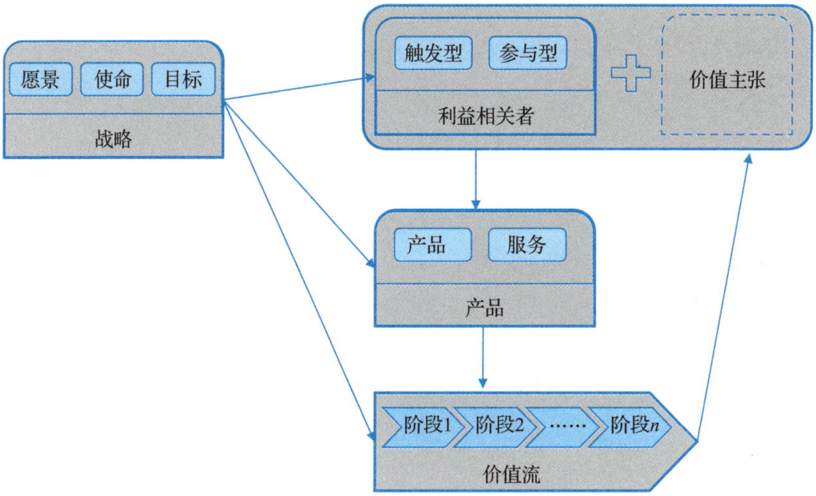

图 4-6　产品与战略、利益相关者、价值流的关系

4.4　举措

4.4.1　举措的概念

BIZBOK 给出的举措定义是：正在执行或已选定要执行的一套行动方案。当企业明确了战略方向和战略目标后，相关战略目标需要通过执行特定举措加以实现。

一般来说，相关举措真正在执行的时候，往往是借助“项目”的形式进行落地的。与项目相关，会涉及几个常用术语：项目（Project）、项目集（Program）、项目组合（Portfolio），这三者的关系如图 4-7 所示。

4.4.2　举措与战略、业务能力的关系

为牵引业务战略的落地，企业会设定明确的战略目标。相关战略目标得以达成，往往需要依赖新的业务能力或提升现有业务能力。企业会根据自己的节奏在特定时间节点设定

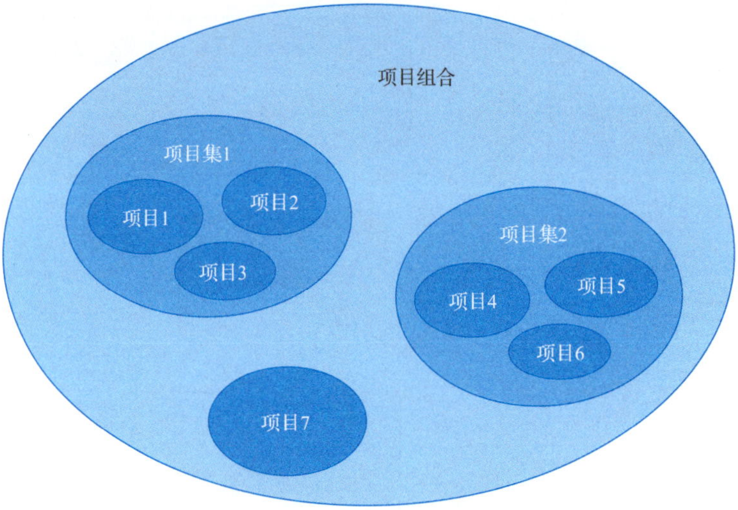

图 4-7 项目、项目集与项目组合的关系

一系列对应举措，来支撑战略目标实现及业务能力提升。而举措的落地，往往会涉及一系列项目集或项目，具体完成情况如何，往往会和特定指标挂钩，如图 4-8 所示。

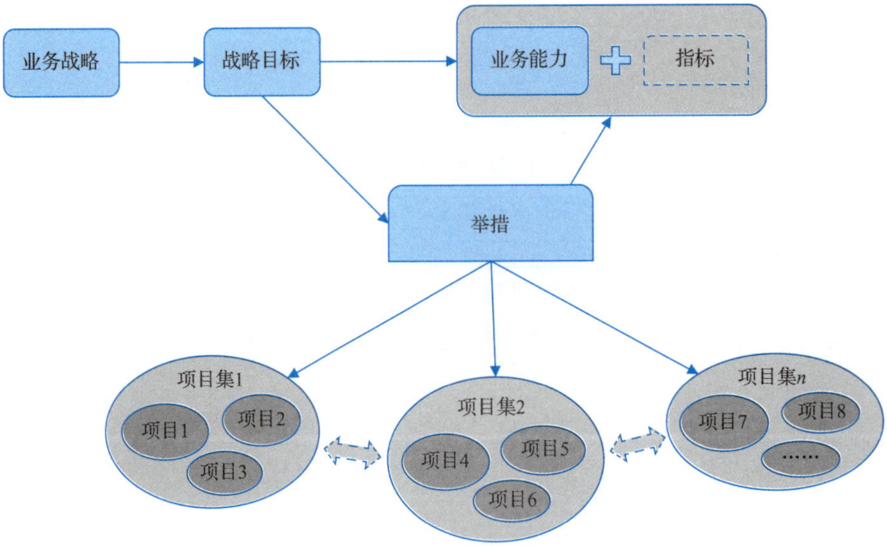

图 4-8 举措/项目与战略、目标及业务能力的基本关系

在梳理举措地图时，除了梳理其与战略目标、业务能力之间的基本关系，也可以考虑列出其与价值流、价值流阶段及业务单元的映射关系。

4.5　政策

4.5.1　政策的概念

政策是用来在组织中确定方向的一些指导原则，是结合特定场景、特定目标框架及管理理念，由高级管理人员设定的指导方针[①]。它可以是一套行动要求，用以指导和影响决策。

政策、规则等可以涉及企业各方面的业务。比如，很多企业都会制定和出差相关的“差旅政策”，明确说明不同层级的人员在不同国家、不同地区所能享受的出差标准。

4.5.2　政策与业务能力、业务组织的关系

企业的政策及规则等，往往是结合特定业务单元的情况、围绕特定业务能力相应制定的，主要是为了确保企业的业务运作更规范、更合理、更高效。图 4-9 展示了政策与业务能力及业务组织之间的协同关系。

---

① 请参阅: Bizmanuals, Inc. What is the Difference between Policies and Procedures?, 2014.

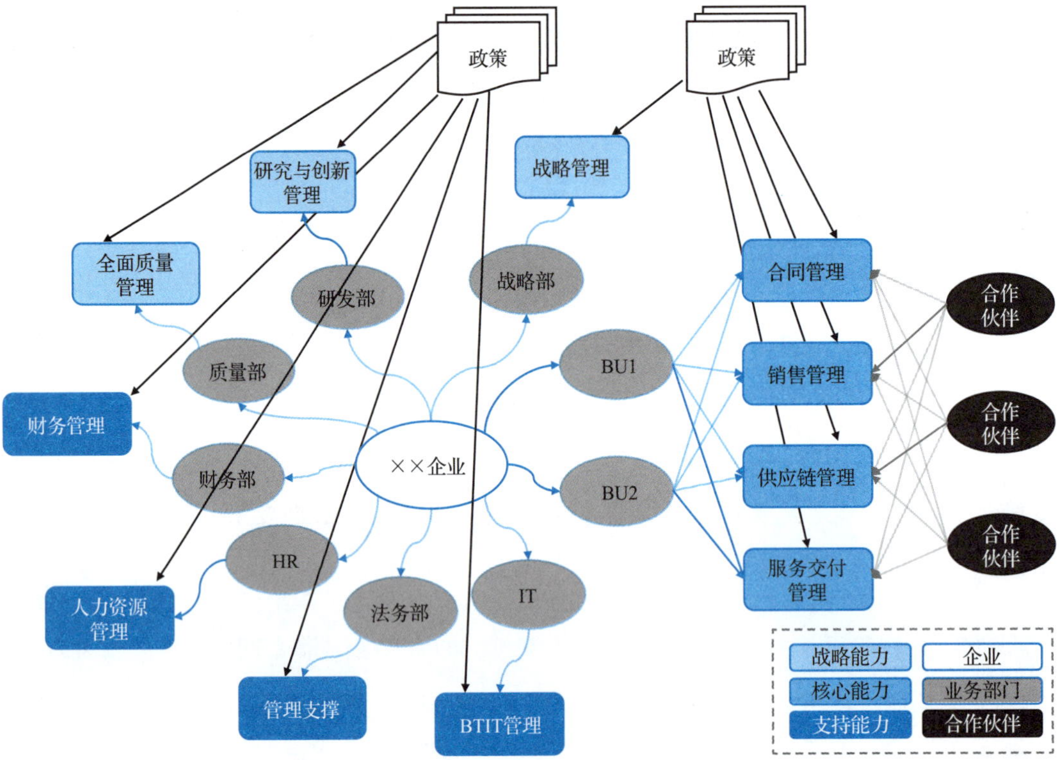

图 4-9　政策与业务能力、业务组织的关系

4.6　指标

4.6.1　指标的概念

参考 BIZBOK 所引用的定义，指标（Metric）是一种度量标准，通过它可以评估计划、过程或产品的效率、性能、进展或质量。

企业在日常运作过程中，通过对方方面面指标的监控，来了解业务运行状态是否健康。与指标的使用和管控相关，《平衡计分卡》一书中提到了两种类型的指标，一种是“滞后指标”，对应的英文是“Lag Indicators”；另一种是“领先指标”，对应的英文是“Lead Indicators”。

国内有很多从业者将“Lag Indicators”翻译为“结果性指标”，主要指“销售收入”“利润”等最终指标。同时将“Lead Indicators”翻译为“过程性指标”，可以理解为为了产生收入和利润在前置业务过程中需要看的指标，比如“目标客户数”“目标客户覆盖率”“商机金额”等。“结果性指标”“过程性指标”这种叫法，对业务人员而言更容易理解。

4.6.2　指标与战略、行动的关系

在前面介绍“举措”与其他要素的关系时，已经涉及“指标”。图 4-10 参考了卡普兰的《平衡计分卡》，描述了“指标”与业务战略、战略目标、举措行动之间的关系。

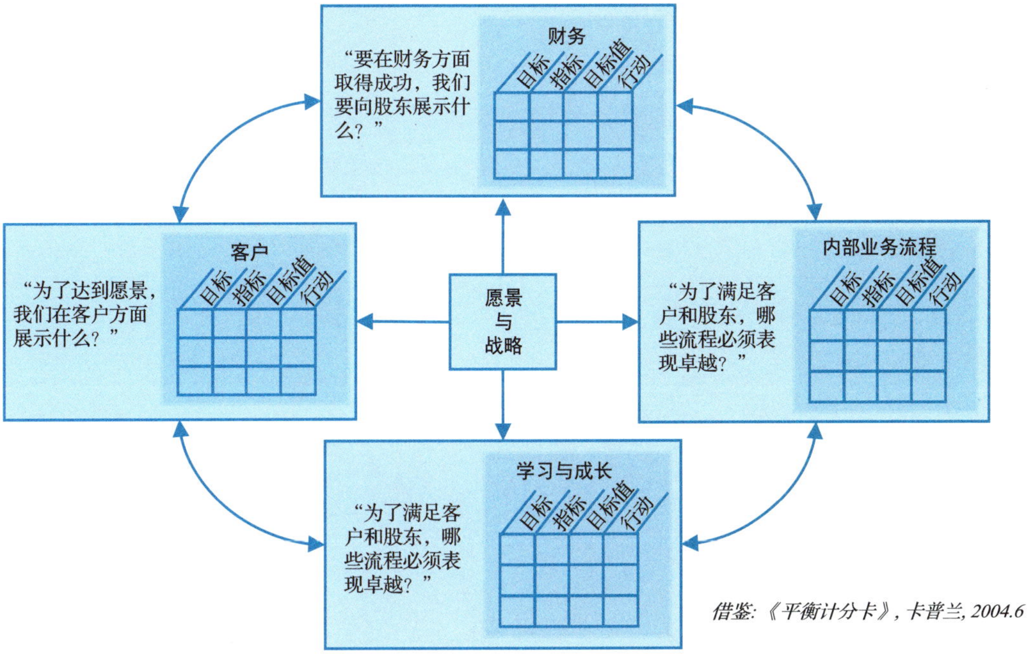

图 4-10　指标与业务战略、战略目标及举措行动的关系

围绕指标，很多国内企业都在构建数字化运营体系。为了能让指标体系真正发挥作用，有下面 5 点建议可供参考：

- 指标需要能反映“目标”;
- 指标可以快速判断“好坏”;
- 指标体系含内在关联、可分解；
- 指标可多维展示并灵活下钻；
- 指标可指导、触发“行动”。

第三部分　业务架构进阶

通过第二部分的介绍，我们基本了解了业务架构的核心要素及扩展要素有哪些，也基本清楚了每个业务要素的概念和大体作用是什么。

有了第二部分的铺垫之后，我们要在第三部分介绍业务架构进阶知识，通过本部分的贯通和剖析来加深对业务架构自身及周边要素的全面理解。

- **先掌握业务架构核心要素间的关系：**业务架构核心要素是我们掌握和应用这套知识体系的关键所在，我们会围绕“价值流”“业务能力”“信息”“组织”这4个核心要素并结合“流程”分析和梳理这些核心要素之间如何有效协同。
- **再探讨业务架构核心要素与扩展要素的整体协同：**在理解核心要素配合关系的基础上，进一步关联其他扩展要素（如战略、利益相关者、产品、举措等），形成业务架构核心要素与扩展要素的整体协同视图。
- **最后深入探讨业务架构与其他架构的关系：**在企业架构中，除了业务架构，还包含其他架构（如数据架构、应用架构、技术架构等）。在掌握了业务架构内部要素之间的关系后，我们需要进一步了解业务架构与其他架构的关系。

5

第 5 章

业务架构核心要素之间的关系和协同

前面我们介绍了 4 个业务架构核心要素的基本知识，本章会重点梳理和明晰相关核心要素之间的关系。尽管在 BIZBOK 知识体系中，没有把“流程”当作一个独立的要素，但我们在分析要素间关系时，会适当结合“流程”一起梳理。

大家对酒店住宿的场景比较熟悉，也容易理解，本章仍会围绕酒店住宿的示例逐步进行展开，涉及的主要内容有：

- 价值流；
- 价值流+能力；
- 价值流+端到端流程；
- 价值流+端到端流程+能力；
- 价值流+端到端流程+能力+信息；
- 价值流+端到端流程+能力+信息+业务对象。

5.1 酒店住宿示例：价值流

对于酒店住宿场景的客户而言，他们想要的是——享受酒店服务，这是酒店的基本“价值”所在。围绕客户的这个价值诉求，可引出一个简单的价值流，包括“预订房间”“入住”“享受酒店服务”“离店”4个价值流阶段，如图5-1所示。每个价值流阶段，都会以结果为导向，实现某个“价值项”。比如“预订房间”阶段，给客户带来的价值点是“我订上房间了，放心了”；比如“入住”阶段，给客户带来的价值点是“我拿到了房间钥匙，我有房间可以住了”，等等。如果在每个价值流阶段都能顺利交付“价值项”，那么各阶段合在一起就能交付整体价值。

站在企业角度，该价值流所要实现的价值主张是“让顾客享受优质的酒店服务”。当我们从价值流出发来设计或分析业务时，全程都以实现特定客群的特定价值诉求为目标，避免走偏。

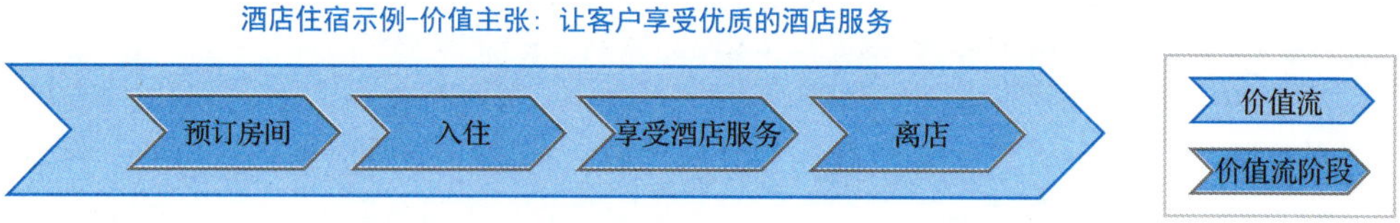

图5-1　酒店住宿的价值流及价值流阶段示意图

5.2 酒店住宿示例：价值流+业务能力

为了实现价值流各阶段的“价值项”，背后需要企业的“业务能力”提供支撑。比如，在“入住”环节，要快速核实客户信息，需要“客户管理功能”；要核对清楚预约房型的具体要求，需要“订单管理或协议管理功能”；要快速判断有没有房间，需要“房间管理功能”；要收押金或预付金，需要“支付管理功能”，等等。

业务架构协会（BA Guild）认为，要开始业务架构相关实践，梳理“价值流+业务能力”交叉映射图是最基础的要求。“价值流+业务能力”交叉映射图其实也是一个相对高阶（High Level）的展示，比较方便向高层管理者进行汇报。比如，快速看清某个业务涉及哪几个阶段，每个阶段都对应哪几个能力。基于不同颜色（如红/黄/绿）的业务能力热力图，可以让管理者很直观地看到哪些能力须加强、哪些能力须新建。图 5-2 是酒店住宿“入住”环节的价值流阶段与业务能力映射图示例。

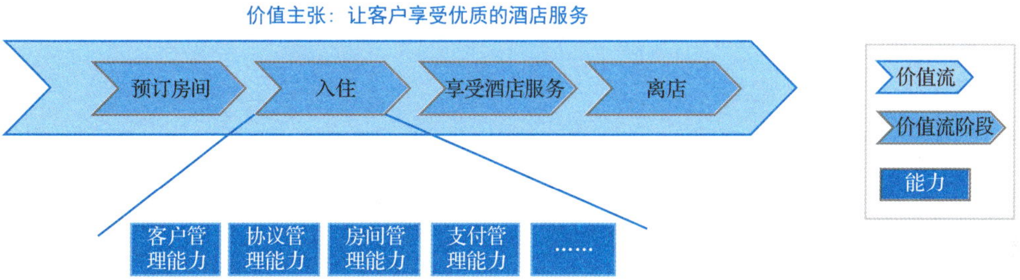

图 5-2　价值流阶段与业务能力映射图示例

从图 5-2 可以看出，某个价值流阶段要实现特定“价值项”，需要有一个或多个业务能力来承载或支撑其真正落地。

5.3　酒店住宿示例：价值流+端到端流程

对于业务逻辑、业务场景比较简单的业务，我们把一些“能力”按照一定的顺序放在一起，相关人员“脑补”一下，就能大概知道业务整体涉及几个环节，如何相互配合并闭环落地。但对于有一定复杂性的业务，或者是把能力拆解得比较细的业务，把一个个能力模块放在上面，相互之间还是比较“离散”的，并没有一条清晰的线把它们串起来，也无法确保每个环节都责任到人，进而无法确保端到端有效落地。

而“端到端流程”能够把业务过程的相关要素（多个具体事项、相关信息、责任人等）有序地串在一起，能够清晰地展示各个环节如何流转，以及各环节对应的具体负责人，有利于确保某个事项端到端闭环落地，如图 5-3 所示。

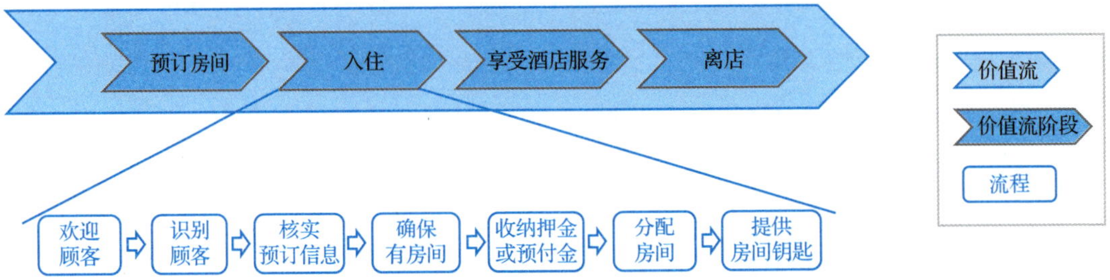

图 5-3　价值流阶段与相关流程对应关系

图 5-3 基于“入住”阶段，对流程活动进行了展开说明，对于希望了解整体业务过程的人员而言，这种表达方式提供了更完整、更具象化的业务过程闭环信息。

5.4　酒店住宿示例：价值流+端到端流程+能力

端到端流程的不同环节，需要有相应的业务能力来支持，有的可能只需要纯业务方面的支持，有的还需要 IT 方面的支持，共同组成“价值流+端到端流程+能力”的映射图。

同一个能力，尤其是 IT 部分的能力，可以被多个不同业务场景的端到端流程所复用。企业下沉和积淀的公共能力越多，可被各个流程复用的就越多，可大大提升企业在能力建设方面的投入产出比（ROI）。与此同时，抽象和沉淀公共能力，也有利于企业快速使能、快速启动新业务。（我们经常听到“中台”这个概念，其关键落脚点也是在“能力复用”上。）

图 5-4 表达了特定价值流阶段（“入住”）所涉及的相关业务能力及具体流程活动。

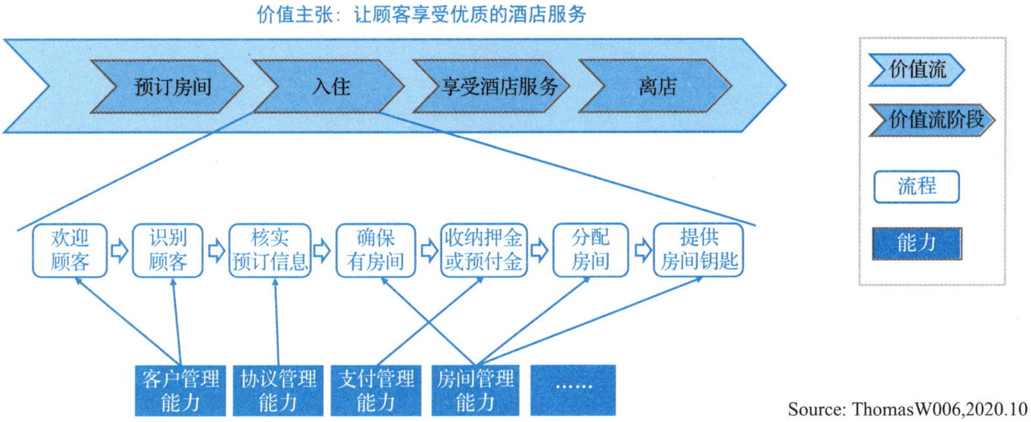

图 5-4　价值流阶段与流程及能力的对应关系

5.5　酒店住宿示例：价值流+端到端流程+能力+信息

上面提到了流程需要能力来支持，有的能力是纯业务方面的能力（人工），有的会涉及 IT 方面的能力。过去几十年，多数企业以“信息化”为主导，典型场景是“流程自动化”，利用 IT 技术实现“自动化”。近 5～10 年，有很多企业开始考虑“数字化”“智能化”，信息和数据越来越成为构建企业能力的关键要素，进而促进企业流程优化、降本增效。

图 5-5 示意性地表达了特定价值流阶段（“入住”）所涉及的流程、能力与信息之间的对应关系。

5.6　酒店住宿示例：价值流+端到端流程+能力+信息+业务对象

实际的企业业务活动，每天都是围绕“业务对象”发生的。对于能力、信息而言，只有围绕“业务对象”来构建，才能确保相关业务建模、数据建模能紧扣业务实际，符合业务本质。

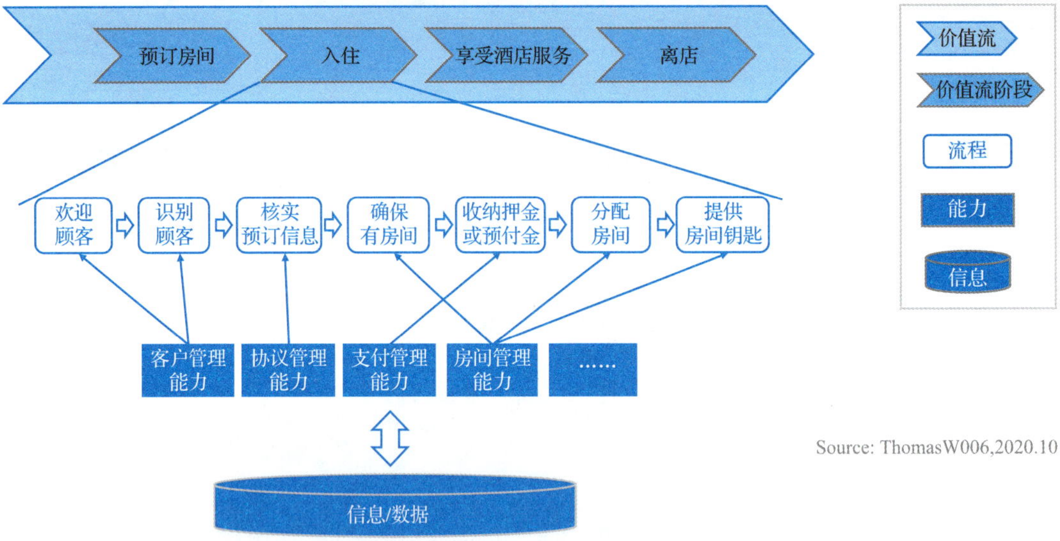

图 5-5　价值流阶段与流程、能力及信息之间的对应关系

尤其当一个企业的业务逻辑、业务流程、业务能力错综复杂的时候，围绕“业务对象”进行梳理和发力，相对容易快速捋顺业务当中的主要业务实体及实体间的相互关系，更容易实现统筹考虑、分工负责、能力复用和数据复用。

图 5-6 示意性地表达了特定价值流阶段（“入住”）所涉及的端到端流程、业务能力、信息和业务对象之间的基本对应关系。

在图 5-6 中通过箭头来示意“业务能力”、“信息/数据”和“业务对象”之间如何关联，方便理解三者之间的关系。

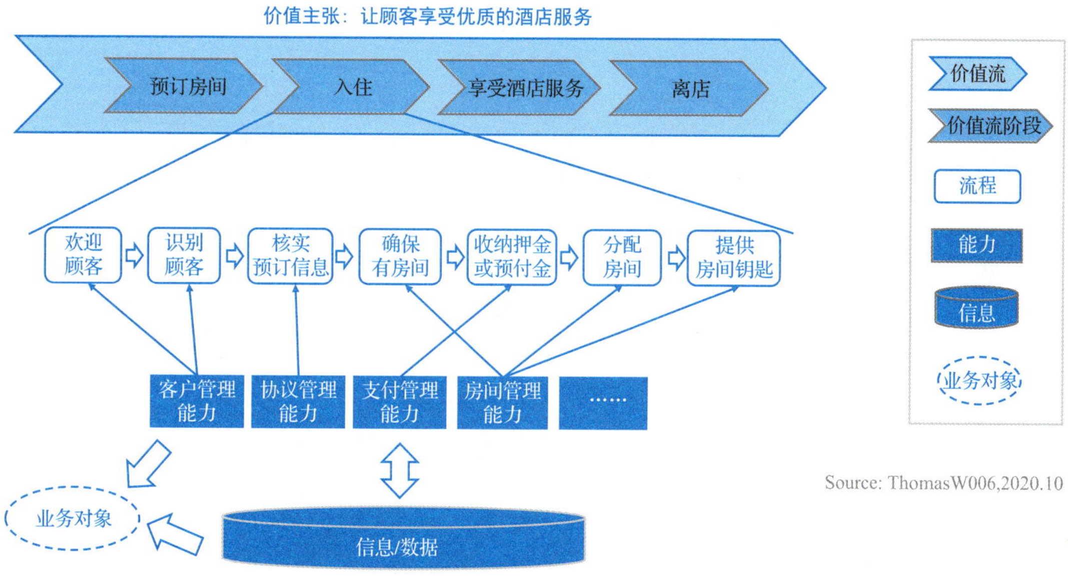

图 5-6　价值流阶段与流程、能力、信息及业务对象之间的对应关系

6

第 6 章 业务架构核心要素与扩展要素之间的整体协同

清楚了 4 个核心要素之间的关系，接下来我们进一步了解业务架构核心要素与扩展要素之间如何整体协同。

本章所涉及的主要内容有：

- 业务架构整体要素全景图；
- 战略与其他业务要素的关系；
- Where 相关视角及主要业务要素；
- What 相关视角及主要业务要素；
- How 相关视角及主要业务要素；
- 整体监控及优化的相关视角和要素。

6.1　业务架构整体要素全景图

对于一个企业的整体运作，除了价值流、业务能力、信息、组织这 4 个核心要素，还会涉及战略、利益相关者、产品、举措、指标等业务要素。所有这些业务要素只有实现整体协同，才能确保企业的高效运转。图 6-1 表达了业务架构主要元素的整体关系。

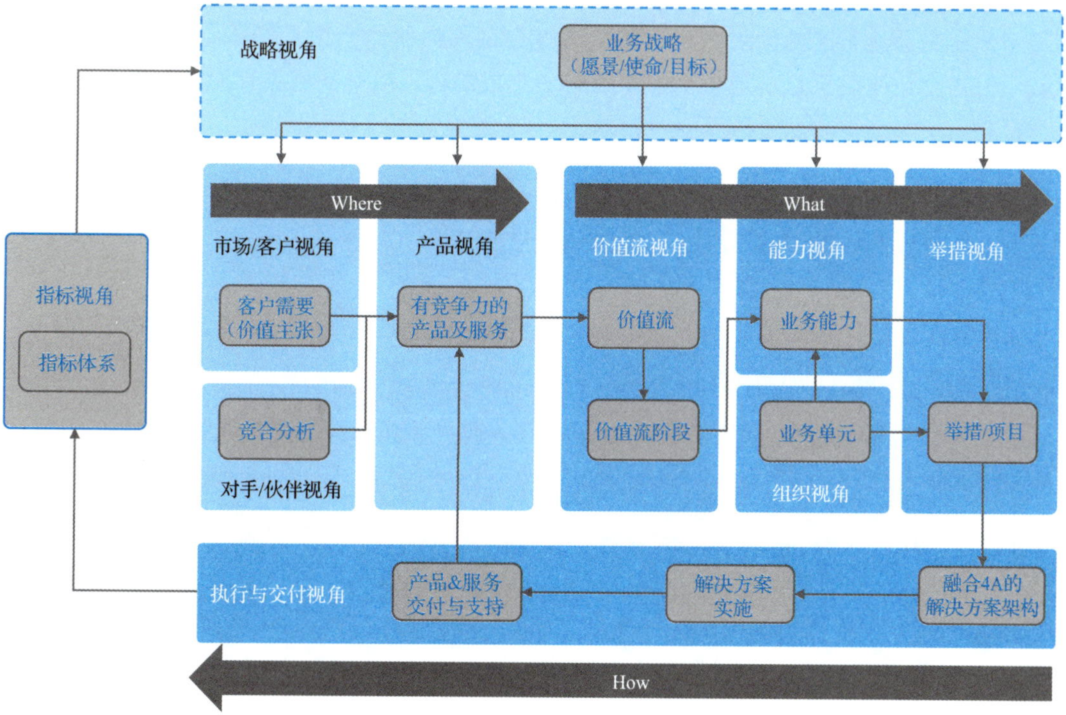

图 6-1　业务架构主要元素的整体关系

6.2　战略与其他业务要素的关系

对于企业的负责人或管理者，可以通过多个视角来观察和推动企业的整体业务运行，实现“战略从制定到执行”的整体落地。

企业的高效发展，需要从战略视角来整体牵引，进而分解落地并紧密监控。

- 首先需要考虑“Where”的问题——确定企业的发展方向、目标客群和产品组合等。
- 紧接着要考虑“What”的问题——识别实现战略目标所须完成的关键任务及年度重要工作。
- 最后要解决“How”的问题——确保相关举措/项目能够顺利执行、交付落地。
- 在企业运行的整个过程中，需要通过合适的指标体系进行整体监控，以便及时感知企业战略执行落地情况，并根据企业需要适当地对战略进行调整和优化。

6.3 Where 相关视角及主要业务要素

一个企业要获得长期可持续的发展，首先要解决企业发展方向、战略目标的问题——将来要去哪？

对于一个市场化的企业，其生存之本是服务客户并获得价值回报。要实现这一点，须具备两方面条件。

（1）企业有能力针对目标客群的价值诉求，提供相应的产品和服务。

（2）在供大于求的市场竞争环境下，企业有能力提供有竞争力的产品和服务。

上述第一点是基础，如果做不到，企业根本无法进入特定市场或特定领域。而对于能进入特定市场的企业，如果做不到第二点，依然会出局、被市场淘汰。所以上述两个方面需要在进行市场洞察时同时考虑。

在考虑上述两方面条件时，主要会涉及两个业务架构扩展要素，如图 6-2 所示。

（1）利益相关者（Stakeholder）：利益相关者有外部的，有内部的，可以包含多种角色。

- 首先我们需要从外部客户视角进行洞察和分析，确保企业充分了解相关目标客群及其价值诉求，了解周边环境、行业发展情况及价值转移趋势。

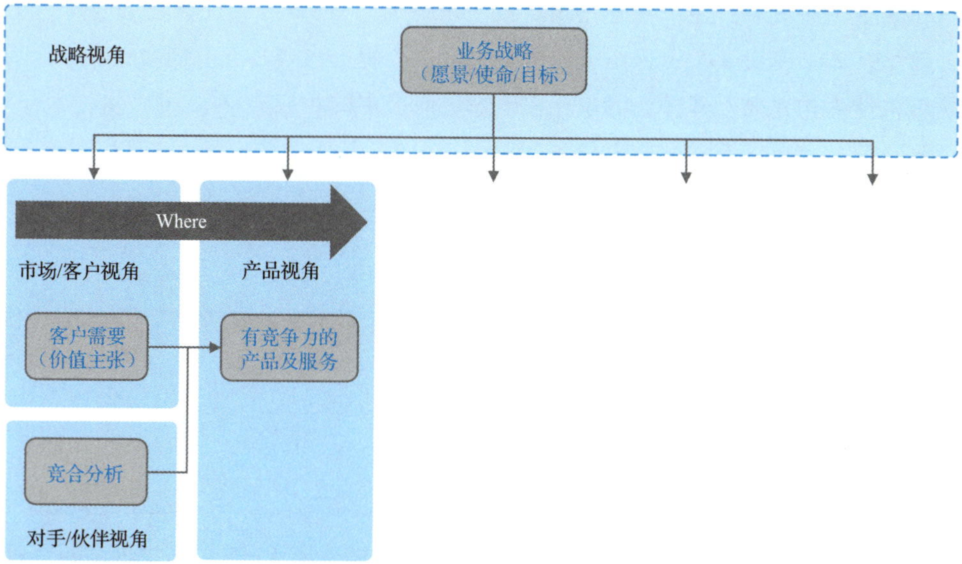

图 6-2　Where 相关视角及业务要素

- 同时我们需要从对手/伙伴视角进行竞争及合作分析，找到合适的竞合思路和机会。

（2）产品（Product）：这里所说的产品，可以是有形的产品，也可以是无形的服务。在产品能满足客户的基本价值诉求的基础上，通过差异化特征，增强对客户的吸引力。

6.4　What 相关视角及主要业务要素

企业在识别和定位了目标客群后，需要围绕特定目标客群的价值诉求来新建或优化主业务流，以确保能实现和满足客户的价值诉求。为方便理解，我们可以认为“价值流”就是从客户的价值诉求出发，通过各个价值流阶段不断创造和实现客户价值的高阶主业务流。相比于日常所说的“流程”而言，“价值流”的目标导向更强、更清晰，它的存在就是为了实现客户的价值诉求，如果相关环节无法带来“价值增量”，那么该业务环节就可以弱化甚至去除，有利于避免企业里流程越做越繁重、内耗越来越严重的问题。

各个价值流阶段要产出“价值增量”或“价值项”，就需要相关“业务能力”支撑才能真正落地。本书在第 3 章中介绍了业务能力解构的相关内容，业务能力包含 5 个要素，不同方面的能力构建离不开各业务单元在组织层面提供的相应支持。

通过对企业整体的业务能力进行分析，可以识别有哪些业务能力是达成战略目标亟须新建或提升的，尤其是和企业核心竞争力相关的业务能力，需要通过战略举措或重点项目进行打造和提升。

图 6-3 展示了 What 相关的 4 个主要视角、业务要素及要素间基本关系。

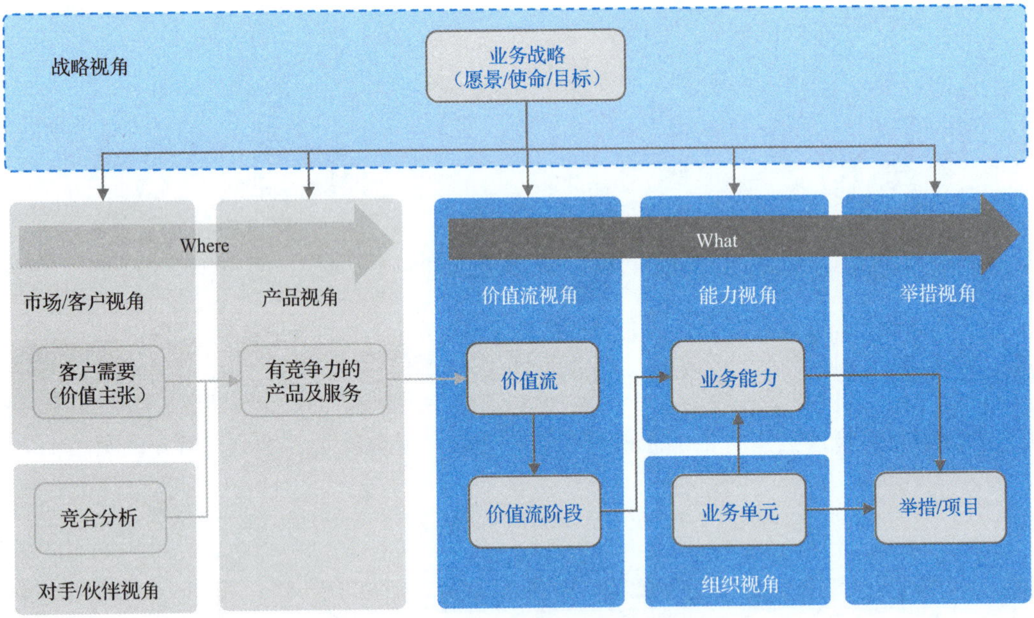

图 6-3　What 相关视角及业务要素

6.5　How 相关视角及主要业务要素

通过 Where 环节确定了企业发展方向和战略目标，并通过 What 环节找出了关键能力差距，识别出了重要举措及重点项目，接下来需要通过“执行与交付视角”，确保相关举措及项目顺利执行落地。

在具体实施项目过程中，除了考虑业务架构，同时需要考虑数据架构、应用架构及技术架构等相关内容，确保各个架构之间能够有效协同并指导项目落地，如图 6-4 所示。

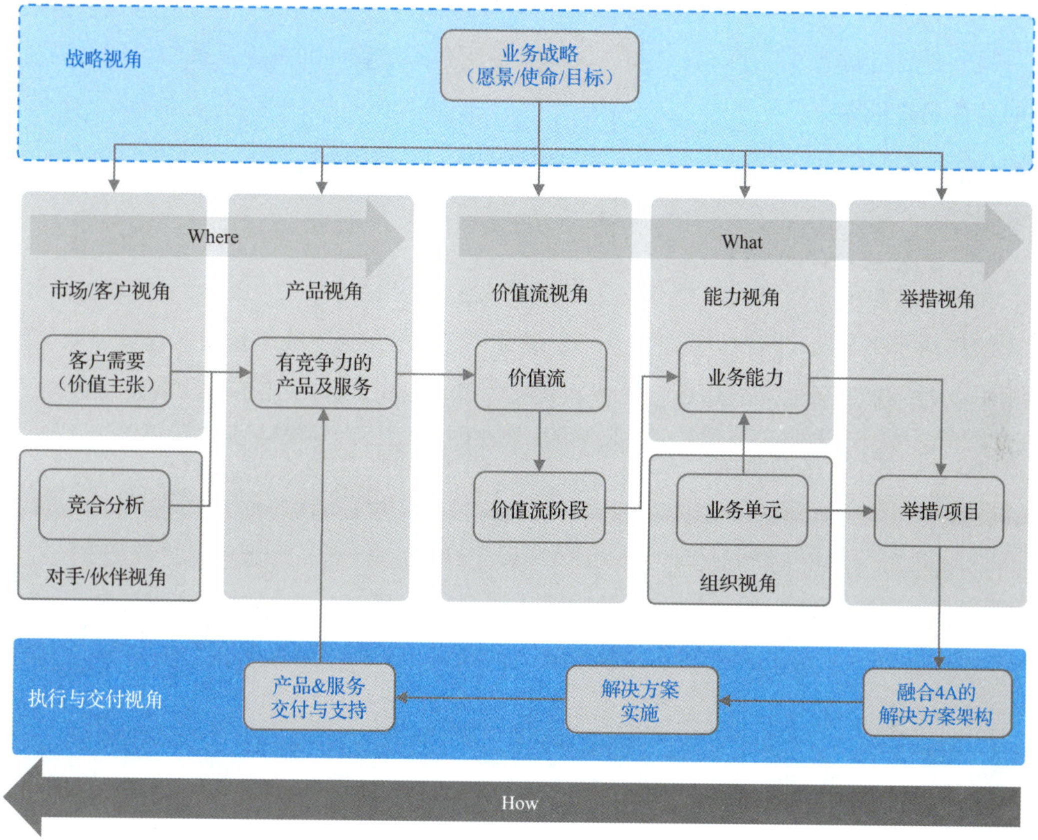

图 6-4　How 相关视角及业务要素

- 首先须提供融合 4A 的整体解决方案。
- 基于相关解决方案，进行有效实施。
- 实现产品或服务的交付，并提供让客户满意的售后支持。

这个环节主要解决如何把事做正确——Do things right，确保整体项目高效交付，向内部、外部客户提供有竞争力的产品和服务。

6.6 整体监控及优化的相关视角和要素

企业的战略从制定到执行，整体链条中涉及的环节很多，周期也很长。

（1）在战略制定过程中，有可能会因为市场洞察不足或判断失误，未能识别出特定时期的某些战略机会点。

（2）在战略执行过程中，某些业务部门可能会出现动作变形、执行效果与战略目标有偏差的现象，这是多数企业必须面对的一个现实风险。

无论是战略制定还是战略执行，企业都可以通过“指标视角”（图 6-5）梳理并设计出合理的指标体系及监控机制，及时发现机会差距，及时感知企业战略执行落地的绩效差距，并根据企业需要适当地对战略进行调整和优化。通过及时纠偏，让企业发展重回正轨。

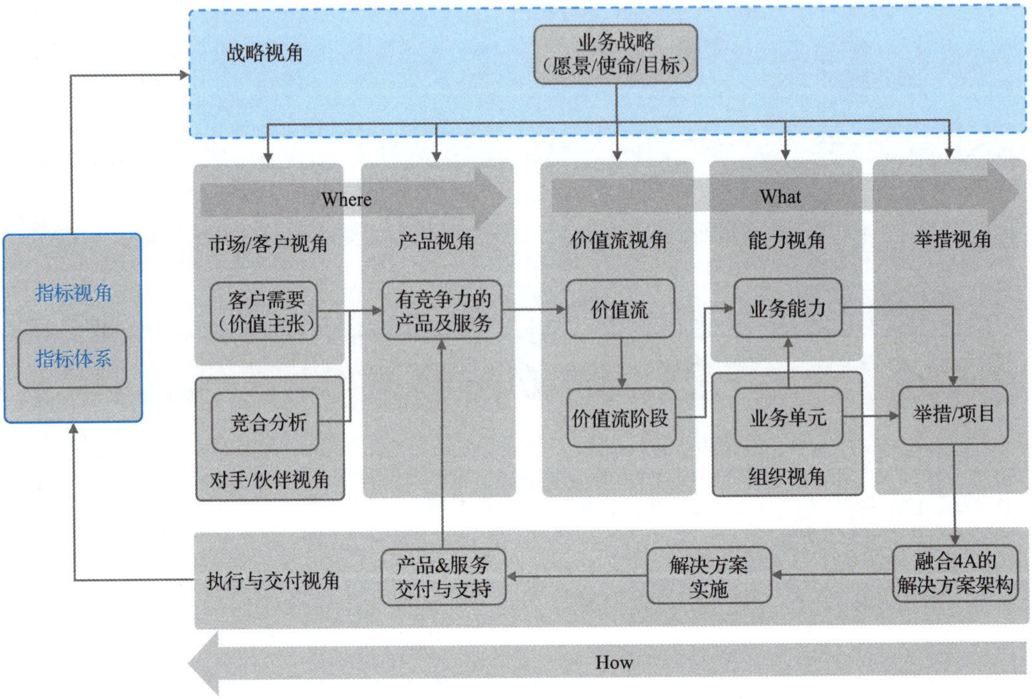

图 6-5　整体监控及优化的相关视角和要素

7

第 7 章 业务架构与其他架构的关系

我们首先通过第 5 章了解了业务架构核心要素间的关系，进而通过第 6 章了解了业务架构核心要素与扩展要素的整体协同，接下来我们进一步探讨一下业务架构与其他架构的关系。

关于企业架构的主要组成部分，业内目前有多种理解，有的认为企业架构应以“业务架构、应用架构、技术架构”为主要框架，“数据”相关内容融入这 3 个框架中；有的认为企业架构主要是 4A，分别是业务架构（BA）、数据架构（DA）、应用架构（AA）、技术架构（TA）；有的认为企业架构需要考虑 5A，在 4A 的基础上还要考虑解决方案架构；有的认为还需要把安全架构结合起来，考虑 6A。

目前来说，4A 是国内相对比较主流的提法，我们会基于 4A 来探讨业务架构与其他架构的关系：

- 业务架构与其他架构的基本协作关系；
- 架构分层及中文命名建议。

7.1 业务架构与其他架构的基本协作关系

业务架构是企业架构的一个重要组成部分，为了能对整体有一个更全面、更清晰的了解，我们先看看企业架构的位置，然后探讨企业架构中主要架构的基本协作关系。

7.1.1 企业架构的位置

在前面的章节中我们提到，企业架构是贯通企业战略和具体落地项目的桥梁。利用企业架构能更好地理解和承接业务战略的相关诉求，并指导具体举措及项目落地。与此同时，在具体项目执行过程中，也需要复核相关项目是否遵循企业架构的原则和要求，以确保项目落地时不走偏，高效准确地支撑业务战略实现，如图 7-1 所示。

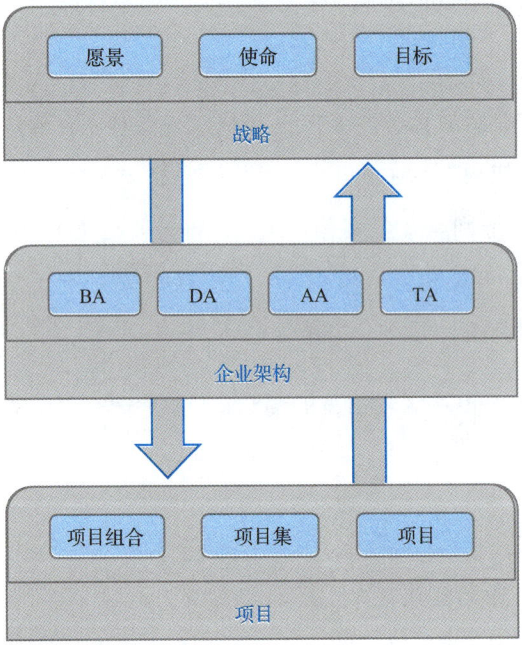

图 7-1　战略—企业架构—项目的基本关系示意图

7.1.2　企业架构中主要架构的基本协作关系

前面我们提到，关于企业架构的主要组成，4A 是目前相对主流的提法。关于 4A 之间的配合关系，笔者结合多套理论知识体系及实践感悟，融合输出了业务架构（BA）与数据架构（DA）、应用架构（AA）、技术架构（TA）之间的基本协作关系图，如图 7-2 所示。

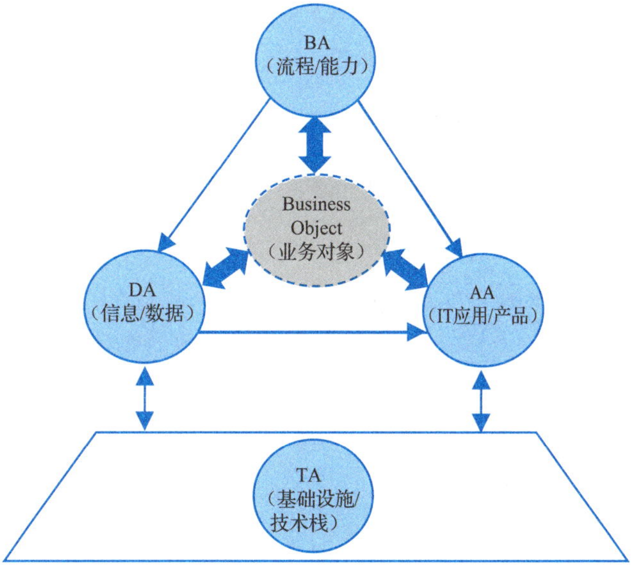

图 7-2　BA 与 DA、AA、TA 的基本协作关系

图 7-2 中的各个要素用圆圈表示，各个要素之间的连线表示要素间的关系。该图主要表达了 5 点。

（1）围绕业务对象（Business Object）：典型的业务对象有“产品”“客户”“合作伙伴”“合同”“订单”等，企业的实际业务都是围绕这些业务对象展开的，相应的业务架构、数据架构、应用架构也应该围绕“业务对象”来设计，这也会有利于企业架构各组成部分的整体协同。业务对象可以根据实际情况分出不同层次，分别进行定义和描述。比如产品从大到小可分出 3 个层次，如“产品族”“产品组”“产品”；比如合同可分出两个层次，第一层是“合同”，第二层根据合同的不同特点可分解为“销售合同”“采购合同”等。

（2）业务架构（BA）整体牵头：总的来说，数据、应用、技术等都是为业务服务的，要想让其他要素服务好业务，那么首先需要先说清楚业务。在这四者中，业务架构起到整体牵头的作用；否则，各干各的，无法真正实现基于业务的整体协同，实际效果会很差。

（3）数据架构（DA）全局拉通：数据已经成为一个重要的生产要素，各个企业需要沉淀企业级数据资产并挖掘数据价值、赋能业务。数据，尤其是“主数据”，会贯穿多个业务单元、多个业务环节，起到全局拉通的作用。

（4）应用架构（AA）合理呈现：应用架构的主要作用是呈现。把业务对象所涉及的相关业务活动，通过线上化的方式呈现给业务用户，以便更高效地执行业务活动。

（5）技术架构（TA）有效支撑：在业务架构牵头之下，形成与业务架构协同的数据架构、应用架构之后，需要技术架构进行统一支撑。

7.2 架构分层及中文命名建议

7.2.1 目前架构分层及命名相关的主要问题

当我们谈论企业架构时，任何一个企业的架构体系都会有一定的深度和复杂性，不可能通过一个层级就把问题说清楚，我们需要面对“如何分层”的问题。

以流程为例，国内各个企业在流程分层方面可以说是百花齐放。

- 各个企业甚至同一企业的不同事业部都有各自的分层逻辑，有的分 5 级流程，有的分 6 级流程，有的甚至拆解到了 7 级流程。
- 各企业不同层级流程的中文命名的具体名称及命名逻辑也各不相同，比如 L1 层级流程，经常看到“流程分类”“类别”“流程域”“业务领域”等；到了 L2 层级流程，会看到“流程组”“流程子域”“业务子领域”等。

上面的例子说的是流程分层，可以理解为是业务架构（BA）范畴内的问题。与此同时，除了业务架构（BA），数据架构（DA）、应用架构（AA）等也会涉及分层命名的问题。经常会发现同一企业的不同架构，在处理层级命名关系的时候，缺乏基本一致性，甚至每一套架构都有各自的分层命名。前面的章节也提到过，我们不能说这种分层命名方式是错的，但的确给相关使用者增加了很大的记忆难度，非常不利于用户对架构知识体系的快速认知和推广使用。

7.2.2　业务架构分层建议

为方便企业架构在企业内的导入和逐步推广，本书建议尽量统一并简化分层逻辑。对于已经有成熟架构命名规则及配套体系的企业，可以继续沿用已有的分层命名体系。而对于暂不具备成熟企业架构体系的企业，在准备引入或新建企业架构体系时，下述分层思路可以作为一种参考选项。

（1）在第 2 章，我们简单介绍了 PCF，它是由 APQC 组织上百家企业共同推出的，是一套比较成熟的流程分层框架。在对业务架构进行分层时，我们建议参考 PCF 的 5 层基础分层。对于 L1 层级的中文命名，前面的章节也曾提到，如果对应 PCF 的英文原文“Category”，从字面角度正常会翻译为“流程分类”。但国内有不少人员习惯将高阶的层次称为“××域”或“××领域”，笔者建议将流程的 L1 层级命名为“流程域”。对于 L2 层级的命名，对应英文原文“Process Group”可正常翻译为“流程组”。对于 L3 层级的命名，对应英文原文“Process”可正常翻译为“流程”。相应地，L4 层级的“Activity”翻译为“活动”，L5 层级的“Task”翻译为“任务”。图 7-3 给出了参考 PCF 的 5 级流程及各层级建议的中文名称。

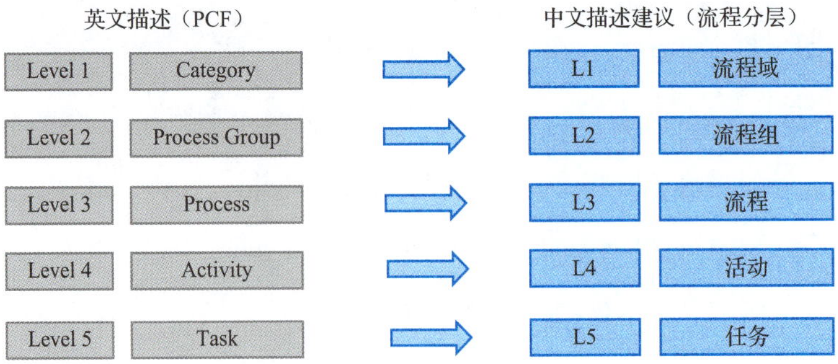

图 7-3　参考 PCF 5 级流程的各层级建议的中文名称

（2）随着企业的不断发展，业务体系会越来越庞大、越来越复杂，企业可以根据实际需要适当进行扩展，比如流程域（L1），可以扩展出流程子域，层级为 L1.5；流程组（L2），可以扩展出流程子组，层级为 L2.5；以此类推，子流程为 L3.5，子活动为 L4.5，子任务为 L5.5。理论上可以 5 层为基础，每层加入 0.5 的扩展层，总共可以分出 10 层，应该可以满足所有企业的需要。

（3）另外一个可扩展机会是，如果需要在原先 L1 层级的基础上，向上合并，可以加设 L0 层级及 L0.5 扩展层。

上述 3 点结合起来，形成一个“基础分层+扩展分层”的弹性分层体系总体结构。通过 5 层基础分层，能确保流程分层的基本稳定性，利用扩展分层可以根据企业的发展情况适当扩展。既能满足各行各业绝大多数企业的基本分层需要，且方便与国际主流分层框架对接，与此同时，也能较好地满足企业动态发展、后续灵活扩展的需要，确保整个架构是相对稳定、可持续扩展的。

7.2.3　弹性分层体系的典型应用

在具体应用弹性业务分层体系时，不同规模的企业可以结合企业自身需要进行考虑，下述典型应用可以作为一种参考建议。

1. 对于中小企业

5 层基础分层基本上就能满足中小企业的需要，层次过多反而容易把流程或能力做得过重。以流程视角为例，这 5 层分别是“流程域、流程组、流程、活动、任务”，和 APQC 推出的 PCF 5 层框架保持一致。基于该分层结构，无论是和国内其他企业对接，还是和国际企业合作对接，都可以有基本的共同语言。随着企业的不断发展壮大，企业的业务体系、组织结构、人员规模都会进行扩展、变得更加复杂。为了更好地伴随、助力企业发展，利用“弹性业务分层结构”可以进行针对性灵活扩展，这种应对方式既能保持企业流程有一定的继承性和稳定性，也能实现较好的可扩展性。

2. 对于大型企业

对于大型企业，往往已经在业务流程体系方面形成了一定的积累。有很多企业会在 PCF 的基础上，结合自身业务的复杂性进行一定的拓展和调整。对于国内大型企业，比较主流的是 6 层流程体系。对于已经构建了 6 层成熟体系的企业，可以继续保持和完善。其实，通过图 7-4 的对应关系容易看出国内企业 6 层结构所增加的一层（L4 层级，子流程）是在 PCF 5 层结构的第 3 层扩展出来的。

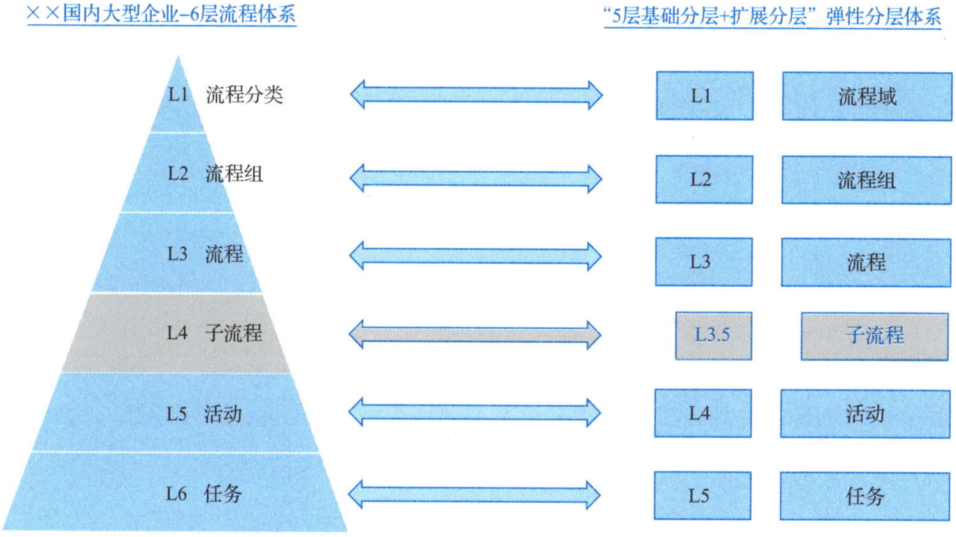

图 7-4　国内常见的 6 层流程体系与弹性分层体系的对应关系

通过图 7-4 的对应关系，可以看出本书建议的“5 层基础分层+扩展分层”弹性分层体系是可以涵盖 6 层流程分层体系的。实际上，在企业发展过程中，各事业部、各领域并不是均衡发展的，往往是某几个业务领域在某个时期会更加深入、更加复杂，需要分解为更多层次，而某些领域则相对简单。基于这种情况，我们可以在 5 层基础分层之上，根据企业发展的需要或者结合特定业务领域的情况对 L1、L2、L3 或 L4、L5 层级进行有针对性的扩展，以灵活应对、满足实际业务需要。

7.2.4 统一和简化各架构的各层级中文名称

前面章节也部分提及，除了业务架构涉及分层和命名的问题，数据架构、应用架构也会涉及。为便于记忆、便于推广企业架构，建议统一、简化相关架构的各层级中文名称：对于 L1 层级，统一命名为“××域”；对于 L2 层级，统一命名为“××组”。图 7-5 是笔者建议的业务架构、数据架构、应用架构的各层级中文名称。

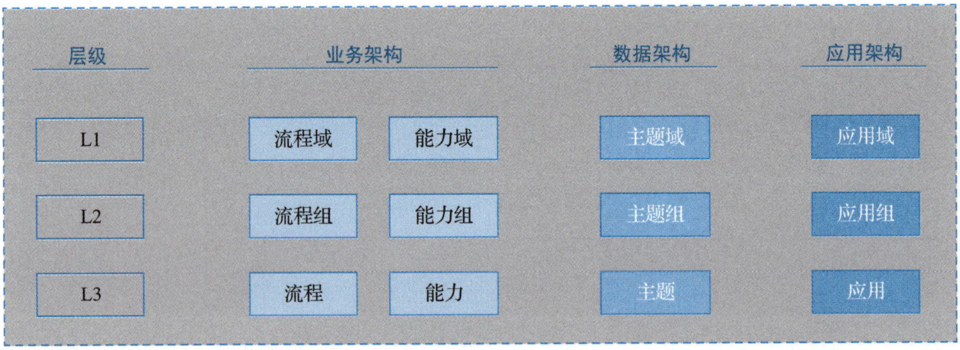

图 7-5　业务架构—数据架构—应用架构的各层级中文名称

需要补充说明的是，不同架构之间会存在对应关系。上述命名方式有利于统一理解和记忆各架构的各层级名称，在多数情况下，某个层级的业务架构基本都能对应上相同层级的数据架构和应用架构，但少数情况下不同架构间的层级对应也可以不一致。

第四部分　业务架构落地

通过第三部分的介绍，我们已经了解了业务架构里圈、外圈所包含的 10 个主要业务要素之间的整体配合关系，也进一步理解了业务架构（BA）与数据架构（DA）、应用架构（AA）、技术架构（TA）的协同关系。从本部分开始，我们会介绍业务架构落地及实践相关的内容，部分实践探索会在第四部分介绍，更多的实践内容会在第五部分进行展现。

有了前面铺垫的基础，我们接下来分两方面介绍业务架构落地相关内容。

1. 业务架构的关键交付物：业务架构涉及的要素很多，核心的交付物主要是企业级的流程框架体系或企业级业务能力框架体系。相关的框架体系一般都会是一个层级结构。本篇会结合制造行业企业的情况，给出 L1、L2 层级参考性业务能力框架及部分 L3 层级能力分解示意图。

2. 业务架构与 DDD 协同落地：业务架构的产出物输出以后，会面临如何具体落地的问题。DDD（领域驱动设计）体系可以和业务架构体系形成优势互补，协同落地。

8

第 8 章 业务架构的关键交付物

在业务架构的众多要素中，业务能力或业务流程是最主要、最核心的要素。业务架构最关键的交付物可以是一套企业级流程框架体系，也可以是一套企业级业务能力框架体系，或者是业务能力与流程融合而成的一套框架体系。

本章涉及的主要内容有：

- 流程视角与能力视角的比对分析；
- 不同视角业务架构落地所须解决的共性问题；
- 业务能力视角的业务架构梳理（以制造行业企业为例）。

8.1 流程视角与能力视角的比对分析

本书在前面第 2 章提到，目前有两套主流业务架构体系，一套是以流程为主的框架体系，一套是以能力为主的框架体系。我们在本节会对两者进行进一步比对分析，以期形成更深入、更清晰的理解。

8.1.1 能力视角

我们在第 3 章介绍过，可以把能力简单理解为“做事”的能力。在本质上，它是一个劳动生产的过程，并基于生产力的相关要素对“业务能力”进行了解构，要素更完整、更清晰。

简而言之，业务能力包含了“劳动对象、劳动者、劳动资料、劳动产品、劳动过程”这 5 方面（如图 8-1 所示）。这里的劳动过程描述的是劳动对象怎么一步一步地由劳动者利用相关工具设备把它加工成产品或服务，这个过程其实就是我们平常所说的“流程”。

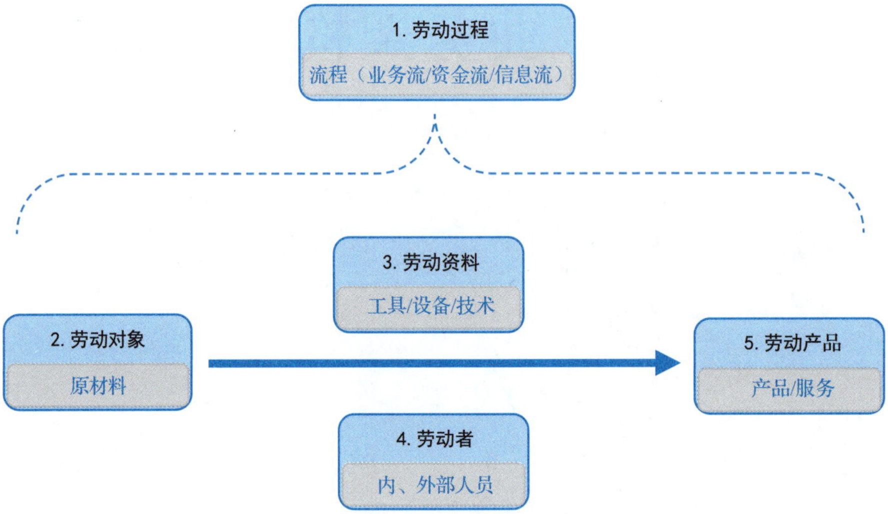

图 8-1　业务能力之构成要素关系图

一般来说，这 5 方面都具备而且分别达到一定质量水平，才能确保整体业务能力达到较高水平。只有 5 方面都得到保障，企业才能在真正意义上具备该业务能力，才有机会进一步将某些关键能力逐步打造成企业的核心竞争力。

8.1.2 流程视角

和流程相关，我们会看到各个企业一般都有各种流程图。对于流程图而言，大家普遍认可的是通过业务流程建模符号体系（BPMN）来表达整个流程。比较典型的流程图往往会包含以下 3 方面信息。

（1）会有多个泳道，每个泳道对应的都是特定的部门、角色或参与方，在泳道里面会有多个业务活动，相关活动都有特定部门/角色来负责。

（2）不同泳道之间及同一泳道的多个业务活动，一般会通过带箭头的连线进行连接，来表达每个活动的先后顺序和配合关系。

（3）每个业务活动都可以标注对应的 IT 系统。

从狭义的角度来理解，我们上面所说的流程图，就是我们所说的“流程”。流程告诉大家，某件事或某个产品是怎么一步一步做出来的。对于一个企业而言，首先要解决流程“有没有”的问题，如果连流程都没有梳理出来，往往代表该企业在特定业务领域的积累沉淀及专业水平比较有限。

当企业有了业务流程以后，接下来就会涉及“流程执行落地”的问题。当我们真正在执行某个业务生产流程时，如果原材料供应不上，流程跑不起来；如果某个流程角色没有人到岗，流程跑不起来；如果生产所需的工具或设备不到位，流程跑不起来，或者生产出来的产品，质量很差。

通过上面的介绍，大家可以了解到，当我们谈“流程”的时候，狭义上的流程就是一张流程图或流程文档，告诉大家一步一步怎么做。广义上的流程，指的是“流程的整体执行”，可以关联或包含流程所触及的方方面面。

8.1.3　流程视角与能力视角的比对

通过上方对业务能力、业务流程的进一步解析，我们不难发现，我们所说的“业务能力”和广义的“流程”（流程的整体执行）所涉及的东西是类似的：都会涉及干活的组织/人员、原材料和相关工具/技术、干活的具体步骤，以及做出来的产品或半成品。

我们可以从“业务能力”视角把企业的业务说清楚；也可以从“流程执行”的视角把企业的业务说清楚，来确保某件事能真正落地。所以用这两种视角来描述业务框架体系，都说得通。但相对来说，笔者认为“业务能力”所包含的要素更为全面，理解起来也更加通顺。

与此同时，这里也简单提一下两者的主要差异。

- 流程的“连续性”特点是比较突出的，无论是中高阶流程（L1～L3 层级）还是低阶流程（L4～L5 层级），它都会强调相关步骤的连续性，强调事情怎么一步一步做出来。它的不利之处在于，流程比较强调“埋头做事”，容易迷失方向。很多企业在构建流程体系以后，流程会越做越繁重，很多流程也容易交织在一起造成混乱，甚至有些部门在执行流程的过程中迷失了业务的初衷，为了流程而流程。
- 能力的“离散性、模块化”特点相对突出。利用“模块化”的特点，对复杂体系的不同部分进行拆解、设立边界会相对容易。比较容易快速定位哪个模块出了问题、相关责任人是谁。相比于流程，能力的确不容易反映出“流”的特征。但这个方面可以发挥“价值流”的优势来弥补。价值流的一个突出优势是，业务指导方向很清晰，始终以客户“价值诉求”为目标来考虑业务、对“客户价值实现”没有帮助的事都应该简化或去掉，这有利于避免业务流程越做越繁重的问题。由“价值流+业务能力”构成的交叉映射图，可有效指导整体业务的构建和良性发展。

8.2 不同视角下业务架构落地所须解决的共性问题

无论是构建业务流程框架体系，还是构建业务能力框架体系，都须解决一些共性问题：

- 业务架构原则；
- 业务架构盘点与分层；

- 构成要素及描述卡片；
- 流程/能力框架热力图。

8.2.1　业务架构原则

在进行业务架构梳理和设计时，需要考虑业务架构的特点并结合企业的情况先确定业务架构原则，如表 8-1 所示。业务架构原则可用于指导业务架构工作的具体开展，尤其是在分层或分模块的过程中遇到不太好判断的问题，可以回归到架构原则进行思考和决策。

表 8-1　业务架构原则（示例）

原则编号	业务架构原则名称	备注
BP-1	对准业务战略	架构是从战略到执行的一个桥梁，业务架构的设计要对准业务战略，能够匹配和协助战略分析及战略目标的达成
BP-2	以客户为中心	企业面对市场，服务的对象就是客户，业务架构的设计要以客户为中心，从客户的价值诉求出发，围绕客户体验，来设计和驱动业务优化
BP-3	价值流场景化	判断是否具有价值，需要结合业务场景。价值流要基于实际业务场景来设计，确保能真正服务特定客户，产生真实业务价值。同时要进行整体规划以确保对目标客群的主要价值诉求、场景形成整体覆盖
BP-4	能力服务化	能力或流程的主要模块划分强调"高内聚、低耦合"。要做到"不重不漏"，避免重复建设或能力缺失。在模块化的基础上，对于通用性强、重复度高的能力模块进行标准化、服务化，进行充分共享与复用
BP-5	投入产出比合理	业务架构设计，常会涉及组织变化、人员投入乃至新增业务等，也会影响数据架构、应用架构及项目落地难度。进行业务架构设计时，需要考虑投入产出比，以确保架构设计的合理性和基本可行性
BP-n	……	……

不同的企业或同一个企业的不同发展阶段，业务架构的指导原则可能不同，表 8-1 提供了部分业务架构原则供参考。在具体实践过程中，每个企业都需要结合自身情况制定出适合自身的架构指导原则。

8.2.2 业务架构盘点与分层

关于架构分层及命名问题，本书已在第 7 章进行了探讨和介绍。这里我们探讨一下从业务架构实践角度出发，无论是业务流程分析，还是业务能力分析，都会涉及的盘点及分层问题。

一个企业在进行业务架构梳理时，往往会涉及两个方向的问题，一个是广度，一个是深度。

（1）广度方面： 主要考虑梳理时的业务覆盖范围，我们可以对单个事业部进行业务架构梳理，可以对多个事业部进行梳理，也可以对全集团进行整体的业务架构梳理。

（2）深度方面： 指业务架构的梳理层级。比较常见的业务架构交付是梳理到 L3 层级，形成 L1～L3 层级业务能力框架体系或业务流程框架体系。在实际执行过程中，可以根据企业的实际需要进行相应调整和扩展。比如，有些企业希望能梳理到 L4 层级，有的企业甚至希望梳理细化到 L6 层级，细化到不同层级所需要投入的资源也会相应增加。

8.2.3 构成要素及描述卡片

基本解决了分层问题以后，每个层级都会有一些业务流程或业务能力。对于这些流程或能力，需要基于构成要素、以一定的方式对它们进行结构化描述，我们称之为业务流程卡片或业务能力卡片。完整、高质量的流程卡片或能力卡片，对企业而言是一种有价值的资产，它有利于统一老员工的共识，也利于新员工快速了解企业特定领域的业务。

流程卡片或能力卡片，比较常见的有两种表达方式。

（1）通过行式结构来表达（EXCEL）： 每个流程或能力都会形成一行，不同的列代表该卡片的各种属性，同一行的不同单元格对应的是各列的属性值。通过 EXCEL 表的行式结构来表达，方便汇总及整体分析，也有利于后续与其他架构（数据架构、应用架构）进行对应和标识。它的不便之处在于，当列比较多时，描述某个流程或能力的这一行会跨好几屏，需要来回拖动鼠标才能看完整。

（2）通过方框式结构来表达（EXCEL / PPT）：这种方式像卡片，以这种方式进行输出，我们一般称为“XX 卡片”，卡片方式便于可视化呈现单个流程或能力的整体情况。当卡片的结构确定以后，以 EXCEL 或 PPT 形式来进行记录都可以，梳理出相关卡片之后，便于团队内部的沟通、评审及向上汇报。

8.2.4　流程/能力框架热力图

无论是流程视角还是业务能力视角，我们的目的都是有效解构业务，有效反映整体业务状况，需要让领导及相关人员简单、清晰地了解企业哪些方面做得好、哪些方面需要提升。热力图是一种行之有效的表现方式，通过它不同颜色的展现，能简单直观地把业务全景及局部问题暴露出来。

利用前面所提到的流程卡片或业务能力卡片，基于卡片中相关要素的实际情况，可参照特定指导规则进行评估或打分，然后结合相应的标准对应出不同颜色。我们对不同能力或流程用颜色进行标识以后形成热力图，便于企业高层或相关负责人在一个全景图中快速看清有哪些主要流程或能力及哪些模块有问题，可高效辅助决策。

8.3　业务能力视角的业务架构梳理（以制造行业企业为例）

关于流程视角的实践案例会在后续章节介绍。本节会结合制造行业企业的例子，从业务能力视角，分别介绍下述 3 方面主要内容：

- 企业级业务能力梳理；
- 业务能力热力图；
- 业务能力建设/提升思路。

8.3.1 企业级业务能力梳理

1. 业务能力识别

关于业务能力的识别，前面已经提过，有下述 4 种常见方法。

（1）基于企业运行所涉及的业务对象来识别。

（2）利用企业已有流程来识别。

（3）参考业界最佳实践或成熟模型。

（4）利用成熟软件包中相关分类进行识别。

其中上述第 1 种方法是最基本的方法，也是业务架构协会（BA Guild）比较推荐的方法。

2. 业务能力卡片：全景卡片+简化卡片

全景化的能力卡片，其好处是能把特定业务能力的方方面面看清楚，方便识别各方面表现，看清问题出在哪方面。但它的不利之处也比较明显，就是需要梳理的内容较多（目前列了 11 个分项，参见表 8-2），做起来会比较“重”。往往在针对特定能力进行全面、深入分析时，可以考虑使用完整的全景卡片来描述。

表 8-2　5 要素全景业务能力卡片

<table>
<tr><td>业务能力：
层级-编码-名称</td><td>L3-1.1.2
XX 能力</td><td>上级业务能力：
层级-编码-名称</td><td>L2-1.1
XX 能力</td><td>战略
影响</td><td>关键（C）
重要（I）
一般（N）</td><td>数字化
依赖度</td><td>高（H）
中（M）
低（L）</td></tr>
<tr><td>业务能力定义</td><td colspan="7">利用 XX 原材料，通过 XX、XX、XX 等环节，实现或提供 XX 产品/服务</td></tr>
<tr><td rowspan="2">1.产品/服务</td><td>产品</td><td colspan="6">提供 XX 产品</td></tr>
<tr><td>服务</td><td colspan="6">提供 XX 服务</td></tr>
<tr><td rowspan="2">2.原材料</td><td>常规原材料</td><td colspan="6">土地、原油、矿石等原材料</td></tr>
<tr><td>数据</td><td colspan="6">XX 原始数据</td></tr>
<tr><td rowspan="2">3.技术/工具</td><td>非 IT 技术/工具</td><td colspan="6">XX 非 IT 技术、工具、设备</td></tr>
<tr><td>IT 技术/工具</td><td colspan="6">XX IT 技术、XX 系统/功能</td></tr>
<tr><td rowspan="5">4.流程/活动</td><td>业务流</td><td colspan="6">相关业务流程/活动 （XX、XX、XX）</td></tr>
<tr><td rowspan="2">信息流</td><td>输入信息</td><td colspan="5">XX 数据</td></tr>
<tr><td>输出信息</td><td colspan="5">XX 数据</td></tr>
<tr><td rowspan="2">资金流</td><td>资金流入</td><td colspan="5">XX 流入资金</td></tr>
<tr><td>资金流出</td><td colspan="5">XX 流出资金</td></tr>
<tr><td rowspan="2">5.组织/人员</td><td>内部组织/人员</td><td colspan="6">XX 部门、XX 岗位或 XX 角色</td></tr>
<tr><td>外部组织/人员</td><td colspan="6">XX 单位、XX 部门、XX 岗位或 XX 角色</td></tr>
<tr><td>能力负责人</td><td>张 XX</td><td>卡片编写人</td><td>王 XX</td><td colspan="2">能力卡片版本</td><td colspan="2">v1.0</td></tr>
<tr><td>负责人
所属部门</td><td>XX 部门</td><td>卡片评审人</td><td>张 XX、李 XX</td><td colspan="2">完成评审时间</td><td colspan="2">2020.12.30</td></tr>
</table>

在很多情况下，集团企业或事业部可根据实际需要对上述模板进行剪裁或调整。比如近些年随着国内“两化融合”等政策的推动和发展，很多企业都在推进数字化转型工作。对于数字化转型项目，侧重数字化相关内容，主要考虑“流程”“组织”“数据”“IT 应用”这 4 方面，我们可以将能力卡片进行简化和裁剪，如表 8-3 所示。

表 8-3　数字化项目参考业务能力卡片（简化版）

<table>
<tr><td>业务能力：
层级-编码-名称</td><td>L3-1.1.2
XX 能力</td><td>上级业务能力：
层级-编码-名称</td><td>L2-1.1
XX 能力</td><td>战略
影响</td><td>关键（C）
一般（N）</td><td>数字化
依赖度</td><td>高（H）
低（L）</td></tr>
<tr><td>业务能力定义</td><td colspan="7">利用 XX 原材料，通过 XX、XX、XX 等环节，实现或提供 XX 产品/服务</td></tr>
<tr><td>流程</td><td colspan="7">相关业务流程/活动 （XX、XX、XX）</td></tr>
<tr><td rowspan="2">组织</td><td>内部组织/人员</td><td colspan="6">XX 部门、XX 岗位或 XX 角色</td></tr>
<tr><td>外部组织/人员</td><td colspan="6">XX 单位、XX 部门、XX 岗位或 XX 角色</td></tr>
<tr><td rowspan="2">信息</td><td>输入信息</td><td colspan="6">XX 数据</td></tr>
<tr><td>输出信息</td><td colspan="6">XX 数据</td></tr>
<tr><td>IT</td><td colspan="7">XX IT 技术、XX 系统/功能</td></tr>
<tr><td>能力负责人</td><td>张 XX</td><td>卡片编写人</td><td colspan="3">王 XX</td><td>能力卡片版本</td><td>v1.0</td></tr>
<tr><td>负责人所属部门</td><td>XX 部门</td><td>卡片评审人</td><td colspan="3">张 XX、李 XX</td><td>完成评审时间</td><td>2020.12.30</td></tr>
</table>

3. 业务能力整合

对于大型集团企业，很可能多个事业部涉及相同或类似能力，需要考虑整合复用。

- 不同事业部，甚至同一事业部的不同业务线，涉及相同能力但业务能力水平参差不齐。
- 较为理想的应对方式是上升到集团层面，统一评估业务能力状况并统筹安排。

在梳理业务能力的过程中，结合相关指导，可大体判断出某一个能力在不同业务块的表现。当某个能力涉及多个事业部或业务线时，比较建议在集团层面统一整合考虑。具体的整合能力建设，有的可以由集团牵头，有的可以在相关业务部门中找出该能力相关度或比重最高的业务部门及负责人来牵头。

图 8-2 表示某集团的 3 个事业部都涉及某个特定的能力（能力 C）。有可能在不同事业部的名称或叫法会有差异，通过拉通梳理，有利于企业识别不同事业部所涉及的相同能力或近似能力，为进一步整合打下基础。

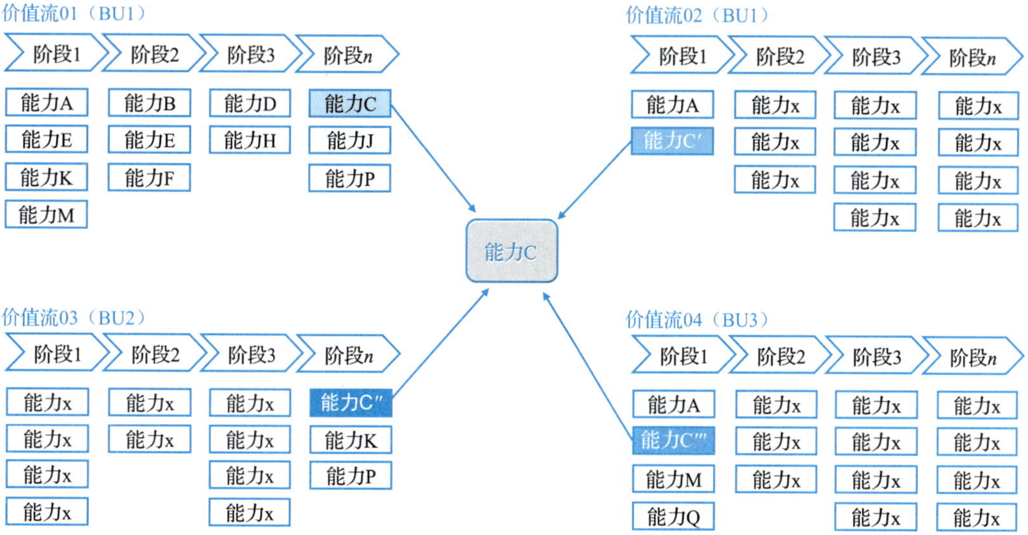

图 8-2　多事业部业务能力整合分析示意图

一般来说，在某个事业部内部比较容易全盘拉通分析该事业部涉及哪些核心价值流、多少能力及能力复用情况。当我们要在集团层面跨事业部进行分析比对时，相对来说推动难度会大一些。

8.3.2　业务能力热力图

关于业务能力热力图，涉及两方面，一是能力评估，二是热力图展现。在介绍热力图展现时，我们会循序渐进地给出“全景图”“局部分解图”和“能力细化图”，层层细化，以便理解和参考。

1. 业务能力评估

基于上方提到的业务能力卡片，各企业可根据各项目需要进行剪裁和调整。确定一个基本模板后，就可以开始梳理和描述业务能力卡片。

一个大型企业往往会包含多个事业部，可以个别事业部先行梳理，也可以进行企业整体梳理，在具体应用业务能力卡片时可结合企业所需的节奏来进行实施，图 8-3 简单展现了两个步骤开展业务能力梳理的示意图（先确定卡片模板，再推动各事业部梳理）。

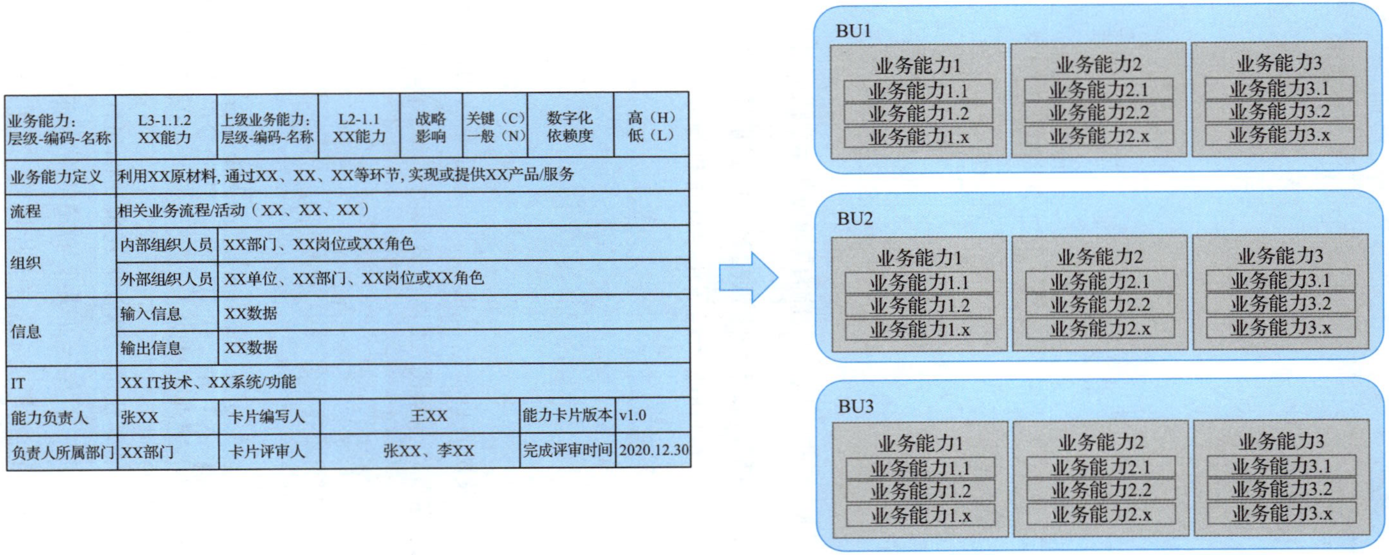

图 8-3　业务能力梳理示意图

在梳理业务能力卡片的基础上，参考指导标准，可判断各个业务能力模块所处的水平。把能力水平分为 3 档并用不同颜色来表示，是比较常见、是简单易用的操作方式。不同企业对这 3 档可能有不同的命名，只要能较为显性地表示和区分不同能力水平就可以。图 8-4 给出了一个能力的参考分类，并用不同颜色进行标识。其中，灰色背景表示某模块的整体能力问题严重，浅蓝色背景表示该能力有问题但不严重，蓝色背景代表该模块能力水平良好。（注：本书采用下述颜色来区分，主要考虑图书印刷方面的因素，企业实际应用时往往会用“红、黄、绿”的颜色来展现热力图效果，会更加直观。）

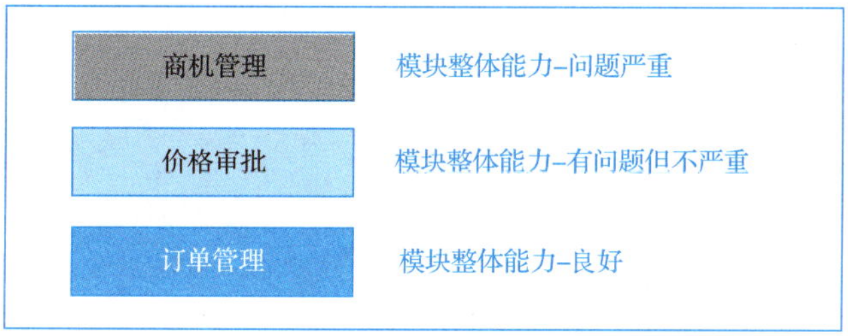

图 8-4　业务能力分档示意图

2. 业务能力热力图-1：全景图

在对业务能力进行整体梳理和评估后，可汇总形成一个全景业务能力热力图，如图 8-5 所示。

通过图 8-5 的业务能力热力图，可以简单直观地展示特定企业的整体业务能力框架，便于高层管理者快速识别哪些能力问题严重、哪些能力仍须提升。业务能力热力图可用来反映事业部层面的整体业务能力情况，也可用来反映集团层面的全盘业务能力情况。在制定业务战略及 IT 战略的研讨过程中，利用业务能力热力图，有助于业务组织和 CIO 组织之间快速达成共识。

图 8-5　全景业务能力热力图　（制造行业企业示例）

3. 业务能力热力图-2：包含局部分解图

在图 8-5 的全景业务能力热力图中，整体包含了 12 个 L1 层级能力。在看清全局业务能力状况后，管理者可进一步针对特定 L1 层级能力展开到 L3 层级看局部能力热力图。

图 8-6 是一个制造行业企业的"营销与销售管理"能力局部展开后的热力图。可以看出，在 L3 层级的能力中，"商机管理""产品配置""合同管理"等模块的能力问题较严重，相关业务能力亟须加强。

4. 业务能力热力图-3：业务能力细化图

图 8-5 的热力图能够快速展示能力全景图，快速识别哪些能力模块有问题。但是，并不能反映出某个能力模块的短板具体在哪个方面。而对于务实型的管理者，往往希望通过层层分解，找到问题关键所在，进而识别解决特定问题的具体抓手。图 8-7 对相关 L3 层级业务能力做了进一步细化。

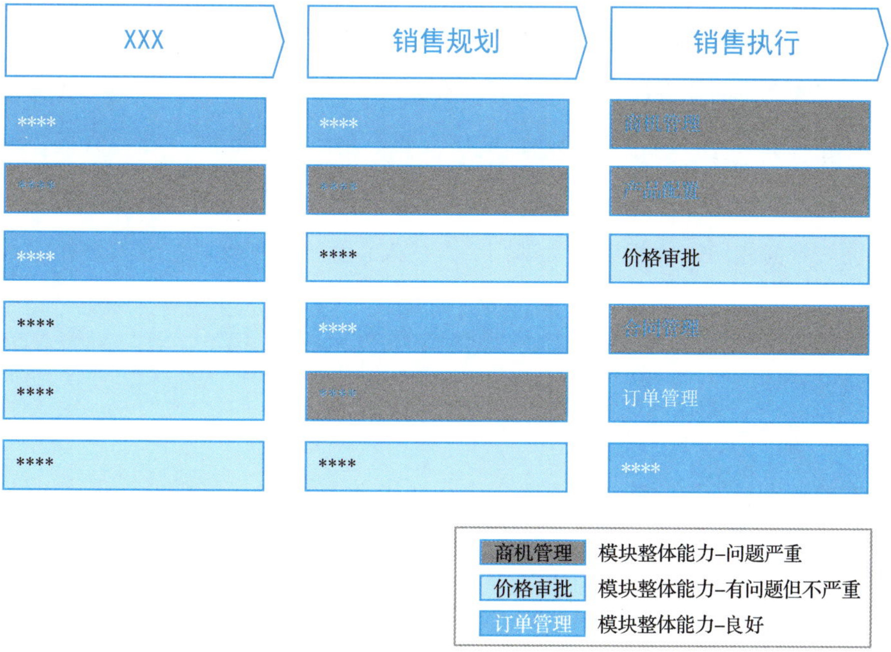

图 8-6　能力热力图局部展开示意图

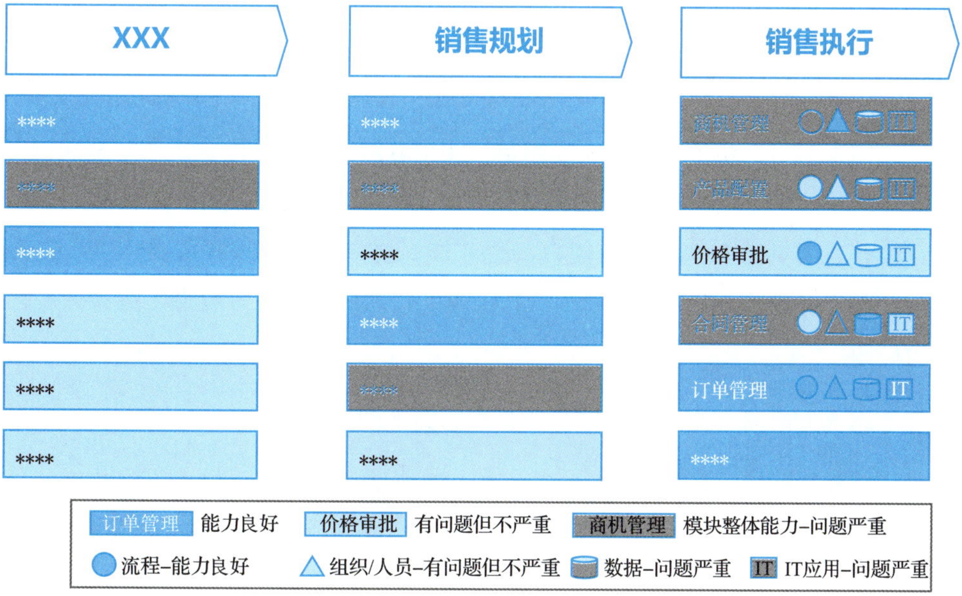

图 8-7　能力热力图细化示意图

通过图 8-7，我们可以快速了解某个业务能力之所以问题严重，具体是由哪方面原因造成的。由上方细化的业务能力热力图可以看到，“产品配置”“合同管理”的整体能力水平都是“问题严重”，但产品配置模块的问题主要出在“数据和 IT 应用”方面，而合同管理模块的问题则主要是由“组织/人员”的因素导致的。了解到这一层面，相关管理层就能基本定位关键问题所在及相应负责部门、责任人，就可以有针对性地安排相关举措进行改进。

8.3.3 业务能力建设及提升基本思路

在上方的业务能力卡片的右上角，包含了两个重要信息，一个关于战略影响，一个关于该能力对 IT 或数字化的依赖度，对于不同战略影响、不同 IT 依赖度的业务能力，可采取不同的提升策略。

我们首先要判断哪些是关键能力，哪些是非关键能力。对于关键能力，企业需要充分重视并投入较充足的内部资源进行提升和强化，以期逐步打造出企业的核心竞争力，构建护城河。而对于非关键能力，除了重视度、优先级方面可以适当降低，在能力构建上也可以考虑依托外力，通过外包的方式来解决特定能力不足的问题。

考虑到“数字化”要素越来越成为影响企业生存发展的关键因素，在了解关键能力、非关键能力的基础上，我们需要进一步识别，哪些业务能力对 IT 依赖度较高、哪些依赖度较低。对于 IT 依赖度较高的业务能力，说明 IT 或数字化可以发挥重要作用，在进行 IT 规划时需要重点考虑，尤其是针对“对 IT 依赖度较高的关键业务能力”需要优先解决能力不足的问题。

综合考虑上方所述，业务能力提升的基本思路如图 8-8 所示。

在具体进行能力建设时，“能力复用”是一个关键指导和考量因素，简单来讲，就是要避免重复造轮子。每个人都有自己的长处和短处，每个企业、每个业务单元也都一样。如果所有的“轮子”都要自己造一遍，不仅会花费大量的人力、财力，而且很有可能企业在某些领域造出来的轮子是低于行业水平的，反而会影响企业的整体发展。

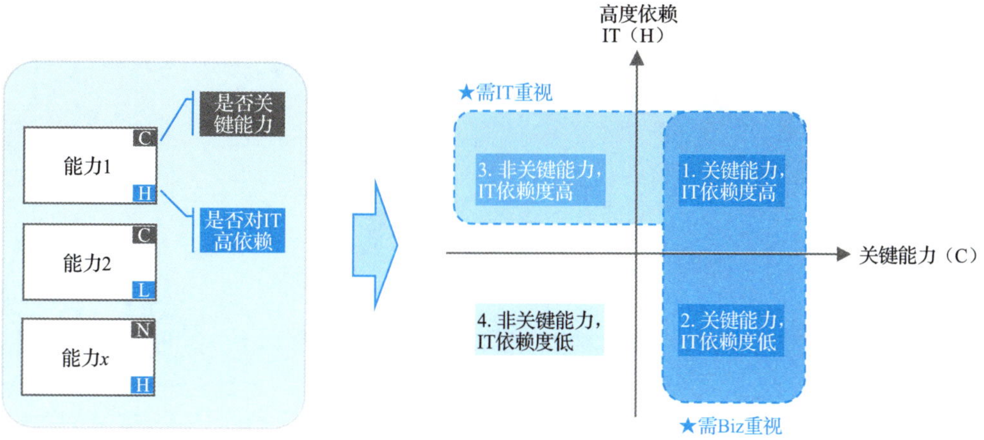

图 8-8　业务能力提升的基本思路

尤其是业务能力各组成部分中的 IT 相关能力，更需要重视能力复用，在条件允许的情况下，无论是内部能力，还是外部能力，都可以通过复用来提升特定方面的专业水平和成熟度，进而更高效地支撑业务发展。图 8-9 是 IT 相关的能力建设基本思路，供参考。

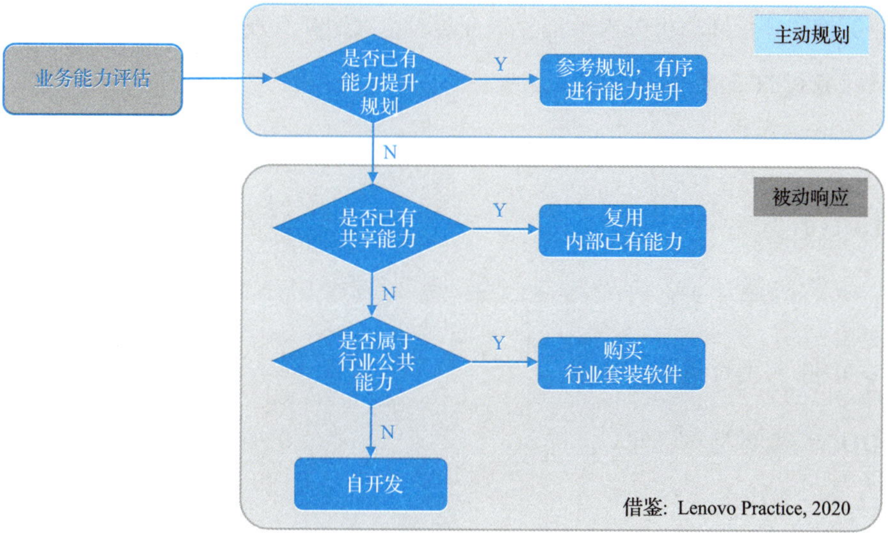

图 8-9　业务能力中 IT 相关能力建设的基本思路

9

第 9 章 业务架构与 DDD 协同落地

在第 7 章，我们介绍了业务架构（BA）与数据架构（DA）、应用架构（AA）和技术架构（TA）的关联及大体的层级对应关系。本章会先对 DDD 进行介绍，然后结合前面章节对业务架构的介绍，把相关内容进行融合思考，我们会发现，“业务架构+DDD”是一套很好的从业务到 IT 的整体落地解决方案。

本章涉及的主要内容有：

- DDD 的背景；
- DDD 的主要元素介绍；
- DDD 的实现过程；
- DDD 与业务架构协同。

9.1　DDD 的背景

9.1.1　关于 DDD 的发展

2004 年，软件大师 Eric Evans 发表了名著 *Domain-driven Design：Tackling Complexity in the Heart of Software*，正式定义了领域驱动设计（Domain Driven Design，DDD）的概念，开启了 DDD 的时代，但 DDD 在前十年似乎一直不温不火，并没有在全球广泛流行。

2013 年，Vaughn Vernon 写了一本 *Implementing Domain-Driven Design*，进一步明确了 DDD 的领域方向，并给出了很多落地指导，给了 DDD 的流行一些助力。

DDD 真正开始流行，是在 2014 年。这一年，Martin Fowler 写了 Microservices，通俗易懂地讲解了什么是微服务架构。由于微服务具备灵活部署、可扩展、技术异构等优点，一改以往单体应用为多个子应用，在互联网领域得到了广泛的应用，一时间大家拆服务拆得不亦乐乎。但软件没有"银弹"，微服务也带来了开发和运维复杂性等问题。很多项目因为前期拆分过度，导致服务爆炸，复杂度过高，后期难以运维甚至难以上线。人们在踩过服务过度拆分的坑后，开始反思，业务或者微服务的边界到底在什么地方？如何确定边界？人们苦苦寻觅，发现原来 DDD 就是解决之道，"DDD+微服务"就是复杂系统设计的完整解决方案，从此 DDD 开始真正广泛应用和流行。

9.1.2　DDD 是解决微服务边界划分的良方

面对复杂问题，解决办法通常是分而治之，即通过拆分、模块化，化整为零。领域驱动建模 DDD 面向业务层面，对业务领域的划分和整合，并围绕业务概念构建领域模型来控制业务的复杂性，以解决软件难以理解、难以演进的问题。

而微服务架构是面向实现及开发应用所使用的一种架构，它将大型应用分解成多个独立的组件，其中每个组件都有各自的责任领域。在处理一个用户请求时，基于微服务的应用可能会调用许多内部微服务来共同完成该请求。

所以总体而言，DDD 是设计思想，属于逻辑层面；微服务是实现技术，属于物理层面。DDD 的设计输出物“领域模型及划分的限界上下文”，是微服务的输入。一个限界上下文对应一个微服务，解决微服务的业务和应用边界划分的难题，同时解决微服务落地时的设计难题。由此可见，DDD 与微服务是复杂系统设计不同阶段所使用的工具、技术或方法，二者结合起来围绕一个共同业务目标，实现业务复用及业务需求的快速响应。

9.2 DDD 的主要元素介绍

DDD 体系涉及一定数量的元素，本节在提供整体概览以后，会逐一介绍相关元素，以期大家对 DDD 相关元素有一个快速了解：

- 领域；
- 子域；
- 限界上下文；
- 实体；
- 值对象；
- 聚合；
- 聚合根；
- 通用语言。

9.2.1　DDD 相关元素概览

DDD 涉及一些元素，为便于大家理解相关概念，我们会结合图 9-1 来简单介绍 DDD 所涉及的主要元素及其相互关系。从图 9-1 中可以看出基本的层次关系：领域→子域→限界上下文→聚合→实体/值对象。不同层次上的主要元素及相关的一些扩展概念，下面也会分别进行介绍。

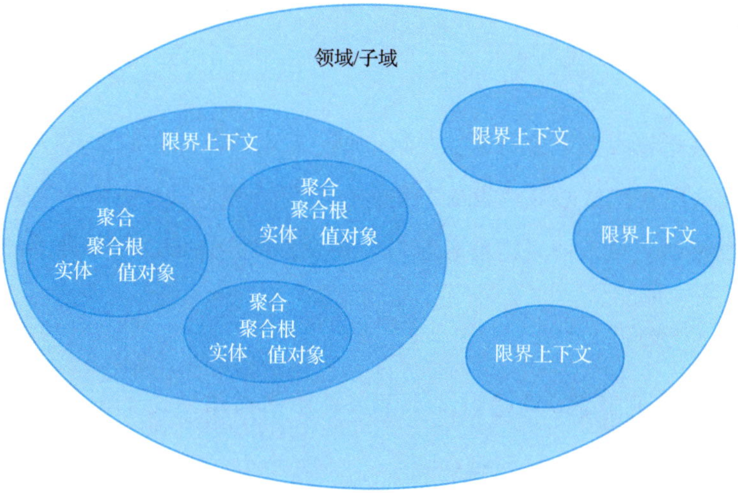

图 9-1　DDD 的主要元素及其相互关系

9.2.2　领域

DDD 的领域，就是某个业务边界里面要解决的业务问题域。在分析和解决业务问题时，按照约定的规则，对业务领域进行细分。当业务领域细分到一定的颗粒度后，DDD 就将问题范围限定在了特定的边界内。然后在这个边界内建立领域模型，最后用代码实现该领域模型，解决相应的业务问题。这种将问题逐级细分，来降低业务和系统的复杂度，也是 DDD 讨论的核心。但业务领域拆分的具体原则，DDD 并没有给出明确的指导，本书将在后面推荐一种拆分原则。

9.2.3 子域

领域可以进一步划分成子领域，即子域。每个子域都对应一个更小的问题域或更小的业务范围，这样可以分离业务和技术实现的复杂性。如针对制造行业采购领域，采购可以作为领域，采购需求管理、寻源管理、供应商管理、采购订单等可以作为不同的子域。

子域可以根据自身的重要性和功能属性归属到三类子域：核心域、通用域、支撑域。

1. 核心域

决定产品和公司核心竞争力的子域是核心域，它是业务成功的主要因素和公司的核心竞争力。技术团队应该把核心域建设放在首位，即使外购系统，一般也具备对其很强的二次开发能力，如采购领域下的采购需求管理、寻源管理、供应商管理等子域。

2. 通用域

没有太多个性化的诉求，同时被多个子域使用的通用功能子域是通用域，比如权限认证。

3. 支撑域

支撑域具备企业特点，但不是具备通用功能的子域，它就是支撑域。比如电子制造行业中，大部分公司对二、三级供应商管理都是非常简单甚至缺失的，多级（二、三级甚至更多级）供应商管理对其而言就是一个支撑域。支撑域在特定情况下也有可能转变为核心域，比如华为公司由于受到美国制裁，多级供应商管理会成为其核心域。

9.2.4 限界上下文

限界上下文可以拆分为两部分来理解。

- “限界”指其确定了领域模型的业务边界，同时确定了开发团队的工作边界、系统架构的应用。
- “上下文”指其提供上下文语境，保证在领域之内的一些术语、业务相关对象等（通用语言）有一个确切的含义，没有二义性。

理论上，限界上下文的边界就是微服务的边界，因此，理解限界上下文在设计中非常重要。

9.2.5　实体

在 DDD 的实践过程中，是先识别出实体再划分聚合的。DDD 概念中的聚合，其本质是实体的组合，聚合的颗粒度大于实体。但如果不先介绍“实体”，很难说清楚“聚合”，因而我们在此会先介绍实体的概念，再介绍聚合的概念。

在以往的软件系统设计中，我们习惯于将关注点放在数据上，而非领域上。这样就导致我们在软件开发过程中会首先做数据库的设计，实体对象则是根据数据库表结构设计进行转换的结果。

而在 DDD 中，实体的设计是从底层的子域出发的，这样数据就天然具备了边界，方便后续的微服务拆分。DDD 中的实体要求是唯一的且是可持续变化的，这里的唯一性要求其拥有唯一标识，且该标识在历经各种状态变更后仍能保持一致。可变性也正反映了实体本身的状态和行为。另外，领域模型中的实体是多个属性、操作或行为的载体，一般是在事件风暴中，根据命令、操作或者事件，找出产生这些行为的实体对象。实体以领域对象的形式存在，每个实体对象都有唯一的 ID。一个实体对象可以进行多次修改，修改后的数据和原来的数据可能会大不相同，但其拥有相同的 ID，它们依然是同一个实体。如供应商基本信息实体，包含了供应商编码、供应商名称、供应商等级等信息，供应商等级等信息可以发生变化，但供应商编码作为其唯一业务 ID 是不发生变化的。

9.2.6 值对象

值对象的核心是将多个相关属性组合为一个固定的整体概念。实体和值对象都是领域模型的成员，实体是业务唯一性的载体，是富对象，包含业务逻辑和唯一标识。而值对象是属性的集合，没有唯一标识，只是数据的容器，没有业务逻辑。如供应商基本信息中会包含供应商联系方式，但联系方式可以有移动电话、座机、传真等，有的供应商可能还不止一个座机或传真等联系方式。如图 9-2 所示，在传统范式建模中，供应商联系方式会作为一个独立的逻辑实体而存在；而在 DDD 的领域建模中，会识别出联系方式这个值对象，它是各种联系方式属性的集合，其属性若有变化，就替换为另外一个值对象。值对象一般以属性值方式或者序列化对象 JSON 的方式呈现。

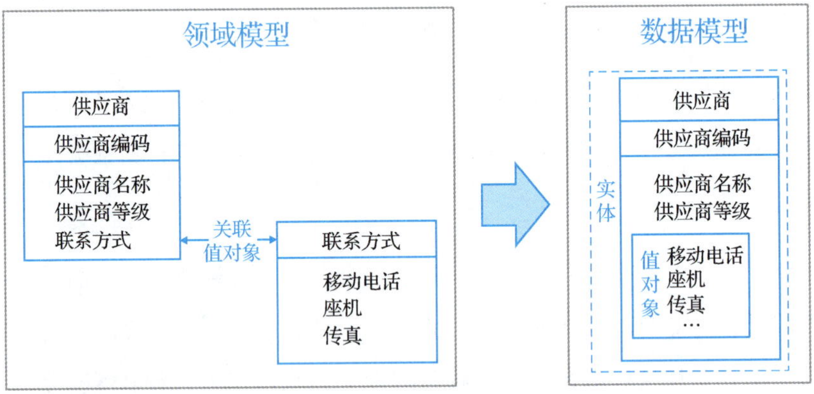

图 9-2　DDD 实体与值对象

值对象作为实体的一部分，符合通用语言，更简明地表达简单业务概念，也可以简化设计，减少不必要的数据库表设计，能够提升系统性能。但值对象过多会导致业务的缺失，影响查询性能。如按照省份、城市统计供应商分布，值对象则不易使用。所以具体哪些属性可以作为值对象存在，需要具体问题具体分析。

9.2.7　聚合

本节会以“采购”业务为例，介绍“聚合”涉及的相关概念及关系，如图 9-3 所示。

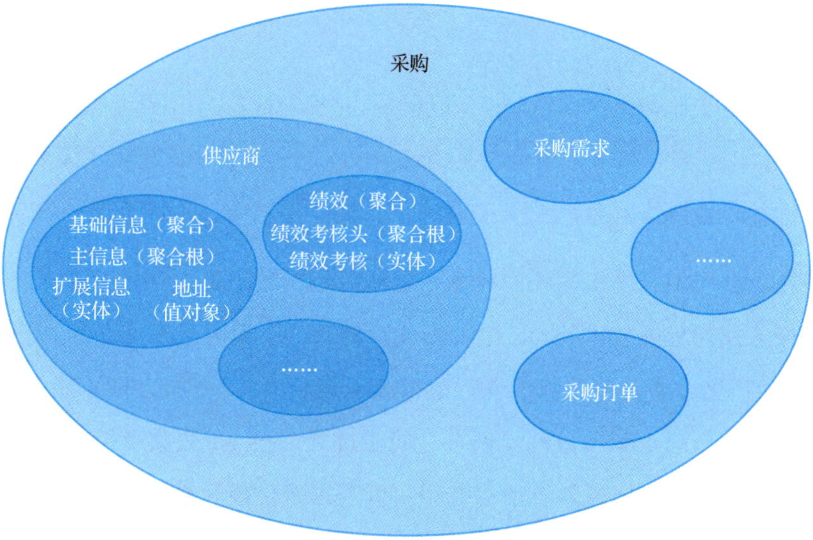

图 9-3　聚合的相关概念及关系

领域中的实体对象和值对象不是孤立存在的，往往几个对象的组合才能表示一个完整的概念，比如采购订单 PO，是通过订单头和订单行实体组合在一起表达的。因此聚合是由业务和逻辑紧密关联的实体和值对象组合而成的，用来封装业务并保证聚合内领域对象的数据一致性。所以聚合也是数据持久化的基本单元，每一个聚合都对应一个仓储，实现数据的持久化。

但聚合之间的边界是松耦合的。按照这种方式设计出来的微服务很自然地就是“高内聚、低耦合”的。跨聚合内多个实体的业务逻辑通过聚合提供的服务来实现，跨多个聚合的业务逻辑通过应用层服务来实现。

聚合内某些对象的状态必须满足某个业务规则。

- 一个聚合只有一个聚合根，聚合根是可以独立存在的，聚合中其他实体或值对象依赖于聚合根。

- 只有聚合根才能被外部访问到，聚合根维护聚合的内部一致性。

9.2.8 聚合根

聚合中的一组实体是一个团队，聚合根就是这个团队的主管。聚合根也被称为根实体，它不仅是实体，还是聚合的管理者。如采购订单 PO 这个聚合中，包含了采购订单头实体、采购订单行实体、地址值对象，其中采购订单头实体是采购订单这个聚合的聚合根。

聚合根在数据库中相当于主表的概念，实体则是一般的表，而值对象依托引用的实体表被设计成嵌入属性集或者以 JSON 串的形式存储。一个聚合只有一个聚合根，聚合根是可以独立存在的，聚合中其他实体或值对象依赖于聚合根。只有聚合根才能被外部访问到，聚合根维护整个聚合的内部一致性。聚合之间通过聚合根 ID 关联引用；如果需要访问其他聚合的实体，就要先访问该聚合的聚合根，再通过聚合根导航到该聚合的其他实体，外部对象不能直接访问某个聚合的非根实体。

9.2.9 通用语言

通用语言作为 DDD 里的一个核心术语，在此有必要被单独提出。DDD 的方法，本身就是业务和 IT 的各种角色一起共创的方法，而通用语言就是团队交流中达成共识的，能够简单、清晰、准确地描述业务涵义和规则的语言。如采购领域中，外购物料有制造商和供应商的概念，需要大家达成一致理解。比如一颗日本 TDK 公司的电容，TDK 是供应商还是制造商？如果 TDK 直供给我们，那么 TDK 既是制造商又是供应商；但如果是通过渠道分销商购买的，那么制造商是 TDK，供应商是渠道分销商。

通用语言的目的是创造可以被业务、技术和代码自身无歧义使用的共同术语，解决语言含义的不统一，这样不论是业务人员、产品经理、技术负责人、Scrum Master，还是其他什么角色，每个人都使用统一的语言和统一的定义来交流。通用语言包含术语和用例场景，除了在需求文档和设计文档中出现，还能够直接反映在代码中。

9.2.10　DDD 的基本实现过程

对于一个产品的 DDD 实现过程，大致如图 9-4 所示。

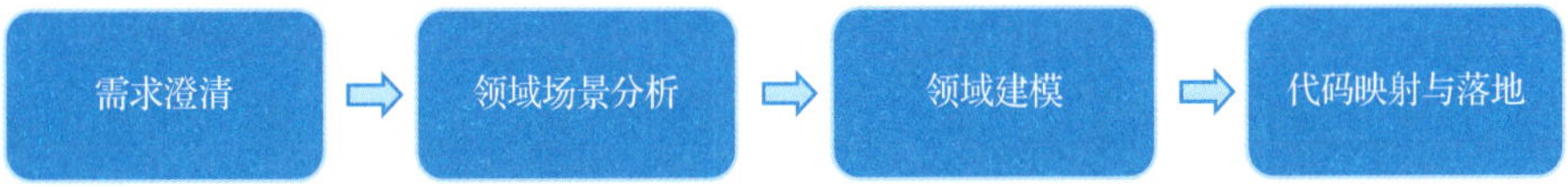

图 9-4　DDD 实现过程

实现过程主要包括 4 个主要环节。

（1）需求澄清： 这里的需求澄清，并不是说需要直接输出一个需求的 PRD 文档，而是针对了解需求的背景，确定讨论的参与者，为后面的事件风暴做准备。

（2）领域场景分析： 领域专家与产品经理、开发人员、测试人员通过头脑风暴的形式，从用户视角出发，根据业务流程或用户旅程，探讨出领域事件、实体和命令等领域对象。

（3）领域建模： 居于领域场景分析的输出，分析产生命令的实体，并根据实体之间的依赖关系形成聚合。然后为聚合划定限界上下文，建立领域模型及模型之间的依赖。

（4）代码映射与落地： 建立领域对象和代码对象的映射关系，包含聚合、领域服务、应用服务、仓储接口等与包名、类名、方法名的映射关系，然后进行代码实现。

9.3　DDD 与业务架构等的融合

9.3.1　DDD 如何在企业范围内发挥作用

DDD 从业务视角出发，通过领域模型不仅解决了复杂系统的边界问题，实现合适颗粒度的高内聚和低耦合，而且 DDD 也从实现视角出发，给出了领域模型的实现架构，细化到数据实体、领域服务、代码级别。但 DDD 的相关应用实践往往聚焦在某个事业部或特定业务领域，如果上升到更高层面，即将问题空间扩大到超过问题域和系统范围层面，变成企业范围或整个集团层面之后，DDD 的模式就显得捉襟见肘了，DDD 并未明确说明领域的划分原则及领域如何与公司业务结合。

正如前几章讲到的，TOGAF 等给出了企业架构的框架，但其在具体落地中存在 3 个现实问题。

（1）架构复杂：现有的企业架构总体过于复杂，架构元素过多，大部分人听到这么多名词就头大，很难完全掌握全貌与细节，导致无法有效落地。

（2）缺乏元素关联：大家常常在谈论 4A 架构，但是 4A 往往变成 4 个独立的视图，4 个 A 之间该如何有机结合缺乏适合的方法。

（3）缺乏战术指导：利用企业架构的思想和方法完成设计后，如何保证方案的落地？当前企业架构偏向中高阶设计，并没有给出一种适合特定企业的具体落地方法，无法保证其能够真正落地，最后往往成为一堆文档，束之高阁。

而 DDD 给出了领域模型的具体实现思路，可以和企业架构的架构元素进行有机结合：我们可将业务架构的设计作为 DDD 战略部分设计的输入，并结合 DDD 的战术设计进行代码实现。通过这种结合，就能真正有效地在企业里把战略和战术设计串联起来，进而实现企业整体设计到具体落地实施的打通。

9.3.2 DDD 与业务架构、数据架构、应用架构的融合

1. 业务架构中业务能力映射到 DDD 中的领域与子域

DDD 中对于领域如何划分并没有给出明确的指导，而业务架构包含业务流程和业务能力这两大视角，彼此可以相互融合。不同产品所涉及的业务线或不同业务场景的闭环落

地，都会涉及端到端流程，这些端到端流程可能都会调用相同的业务能力。对于不同产品线，比如电脑产品和网络产品，都会涉及供应链能力。对于不同业务场景，比如生产采购和非生产采购在流程细节上有差异，但是都会包含供应商管理能力，供应商管理能力展开后又包含供应商认证管理、供应商选择管理、供应商绩效管理等下一级能力，而这些不同层级的能力可以作为领域和子域划分的重要参考。

业务架构可与 DDD 进行优势互补、协同落地，如图 9-5 所示。

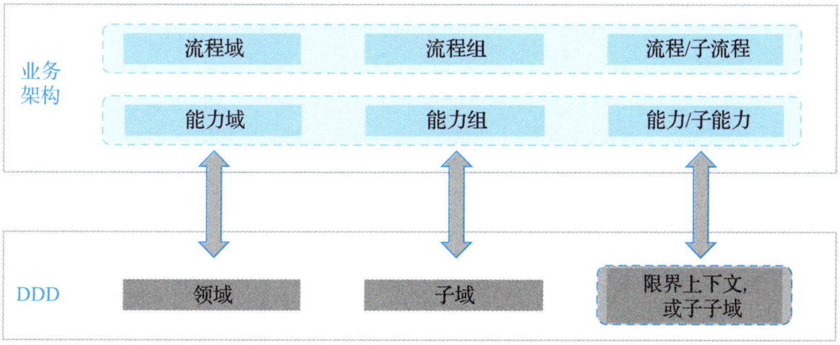

图 9-5　业务架构与 DDD 协同落地

2. 数据架构中业务主题拉齐到聚合的颗粒度

数据架构中包含了主题域-主题组-主题-逻辑实体，其中主题在设计时往往是基于业务认知去抽取的大颗粒度的对象，是一堆逻辑实体的集合。如产品开发和制造都用到“物料”（Part 或者 Item）这个实体，“物料”包含了物料基本信息和物料属性两个逻辑实体，而物料基本信息实体又包含物料分类，物料分类又会引出物料分类属性逻辑实体（如图 9-6 所示，但为了方便理解，简化掉了物料版本带来的差异信息）。

而 DDD 中的聚合实质上也是一种逻辑上的设计，但聚合这个集合的划分颗粒度既考虑了业务领域划分的事件，也考虑了一定实现视角，其对聚合中实体的访问，要求通过根实体进行。从实践经验看，我们可以直接将“聚合”的划分原则应用到数据“主题”的识别原则中，此时就可以直接拉通 DDD 中的聚合与数据架构中的主题。如图 9-6 所示，物料聚合拉通物料主题，物料分类聚合也等同于物料分类主题（注：图中聚合模型做了简化，实际的实体数量会更多）。

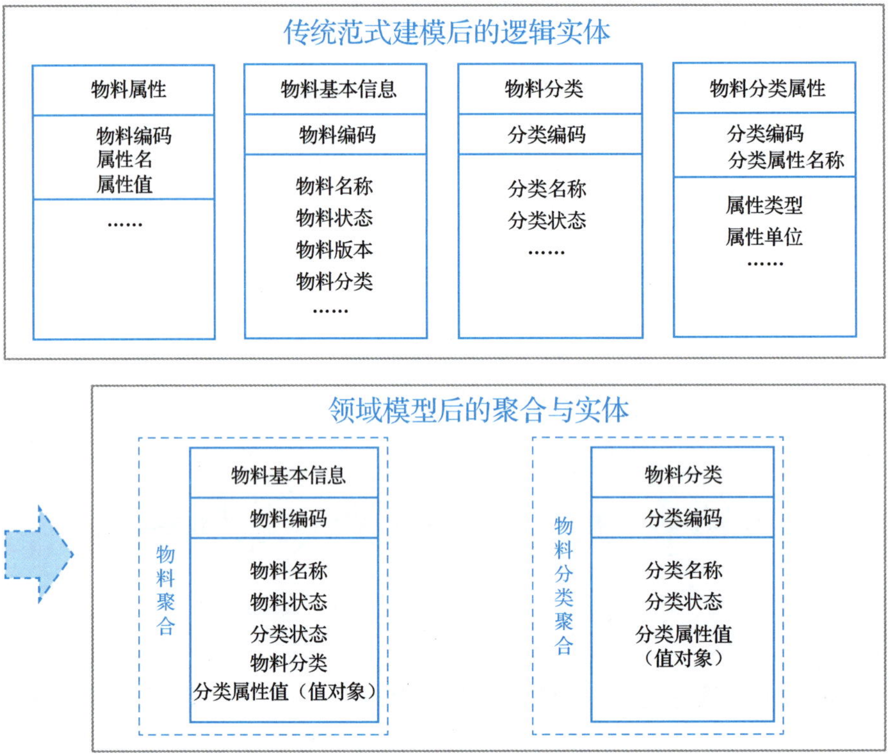

图 9-6　聚合与数据架构中的主题拉通

3. 应用架构中应用以限界上下文作为基本划分依据

在应用架构中，应用或者子应用（如有）是一个可以独立发布和部署的单元，每个应用都可以提供一个或者多个服务。而限界上下文作为微服务逻辑划分的依据，也是部署的单元，因此在大部分场景下，限界上下文同样可以作为应用划分的基础依据。另外，在制造行业中，其实大部分应用系统都面向内部用户，用户规模、最大并发都是比较确定的，大部分都不需要分布式架构，因此应用会以相对较大的颗粒度来划分，以减少系统调用，降低部署的复杂性。

这样，通过能力域<-->领域，应用<-->限界上下文，主题<-->聚合，我们就能较好地将企业架构中的元素与 DDD 的方法进行结合，做到真正的架构落地，如图 9-7 所示。

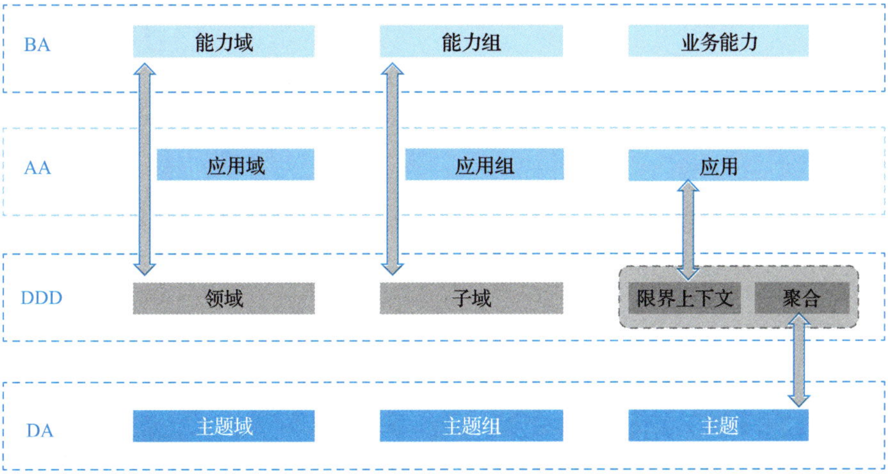

图 9-7　BA、DA、AA 与 DDD 协同落地

第五部分　业务架构实践案例

本部分会分别从不同角度介绍 3 个企业的具体实践案例，希望能给各位读者带来一些参考或启发。

（1）K 公司实践案例：本案例主要围绕“价值链+流程”，在不考虑 IT 要素的情况下进行业务架构梳理及业务调整。

（2）V 公司实践案例：本案例以“价值链+流程”为主，部分融合了业务能力，从 V 公司面临的挑战，到启动业务架构设计，再到业务架构落地，都进行了较完整的介绍。

（3）T 公司实践案例：本案例主要是供应链方向，强调企业在不同的发展时期、不同的周边环境下，需要对相关业务架构进行动态调整，以确保符合业务发展需要。

10

第 10 章 K 公司业务架构实践案例

在第 2 章我们简单介绍过价值链，价值链是哈佛大学商学院教授迈克尔·波特于 1985 年提出的概念，三十多年后的今天，由于企业数字化转型、企业（业务）架构的兴起，价值链成为企业管理课程中的热词。一般企业在价值链分析、建模后，通过一系列 IT 项目来实现落地。那么，在不涉及 IT 项目的情况下，如何在企业经营管理过程中进行简单、快速的价值链应用？本章旨在通过 K 公司的企业实践来探索答案。

本章涉及的企业实践，适用于解决传统企业（尤其是中小企业）管理过程中出现的常见痛点问题，如：

（1）部门职责不清、流程不清、相互扯皮；

（2）招聘计划缺少依据；

（3）培训计划不合理；

（4）绩效考核不科学。

本章涉及的主要内容有：

- K 公司简介；

- K 公司面临的挑战和价值链分析实践的背景；
- 进一步了解价值链构成；
- 绘制企业自己的价值链；
- 案例小结。

10.1 K 公司简介

K 公司是一家有着 30 多年历史的机械设备制造企业，由国有事业单位改制而来，拥有员工超过 1000 人。企业十分注重产品研发，拥有 50 多项专利技术，核心产品有很强的竞争力，长期位居市场占有率前两位。

10.2 K 公司面临的挑战和价值链分析实践的背景

10.2.1 面临的挑战和困难

从 2020 年开始，由于受到疫情等因素的影响，K 公司面临着前所未有的困难和挑战。

1. 市场端的困难

长期以来，K 公司依靠稳定的渠道和伙伴关系，在产品销售等方面一直顺风顺水。但随着 2020 年疫情的到来，以及芯片等关键零部件紧缺等问题，使得下游企业开工率不足，需求减少，K 公司产品销量和回款明显减少。

2. 成本的难题

K 公司在市场端出现的困境，压力传导到后端，最直接的表现是企业入不敷出，财务压力增大。如何减少不必要的开支且不会对核心业务产生重大影响，成了 K 公司管理层最亟须解决的难题。

3. 组织转型的挑战

由于历史原因，K 公司的组织模式是典型的科层制，并且带有浓厚的机关文化。这种模式的好处是组织稳定性高、人员流动性低。但是，随着时间的推移，负面效应开始显现，例如信息传递速度慢、部门墙现象严重、人浮于事等。如何打破日益严重的“死海效应”，重新激活企业活力，也是长期困扰 K 公司管理层的另一个难题。

10.2.2　决定应用价值链分析方法

面对一系列困难和挑战，K 公司管理层亟须寻找一种方法和工具帮助企业。通过与外部咨询团队的充分探讨，最终决定使用价值链分析方法来解决问题，它的优势如下。

- 价值链分析方法的学习成本低。由于波特价值链模型是面向制造业的，并且被国内各种管理课程所引用，对于 K 公司的决策层、管理层和操作层来说，理解和学习成本相对较低。
- 价值链分析方法足够“轻”。绘制一个价值链模型仅仅需要一页 A4 纸，周边的表格也就三两页。所以，它不会在实施和操作上给团队带来压力和困扰。
- 价值链分析方法的适用性强。适用性强体现在增量适用和存量适用。对于增量项目，由于不需要考虑现状，大部分方法和工具都可以充分发挥效用，价值链分析方法也同样适合从无到有的建模。但是，对于存量项目，由于各种现存因素的影响，实施难度大，大多数转型方案会面临失败。价值链分析方法则可以很好地解决这个问题，它的核心是“分析”，可以帮助企业实现盘点，同时不会引起企业内部的强烈反感。价值链分析方法属于先诊断、后开方子的方法。

基于以上几方面优势，K 公司管理层快速达成共识并成立工作组，并对培训、研讨、实施等工作进行了相应安排。

为有效指导工作开展，K 公司根据企业实际情况首先确定了业务架构指导原则。

- 企业利益最大化。本原则从企业全局的角度出发，要求组织在规划、执行过程中，必须服从企业全局的发展。
- 架构可执行。本原则要求在架构设计过程中，必须确保落地执行。
- 合规。本原则要求相关工作要遵守国家相关法律法规。

10.3 进一步了解价值链构成

价值链主要由价值目标、价值环节、价值活动组成，若干价值环节按横向顺序排列，价值活动则基于价值环节纵向排列，共同形成企业整体价值链。在此补充说明一下，本书在前面的章节给出了基本参考建议，是以“流程域（L1）-流程组（L2）-业务流程（L3）-活动（L4）-任务（L5）”的方式对业务进行分层描述的。考虑到本案例主要基于波特价值链展开实践，而波特价值链整体是围绕“活动”进行描述的，因此本章会遵循波特价值链的原有描述方式，本章案例中的“活动”泛指各个层级、各个颗粒度的“业务活动”。

常规的波特价值链主要分成两类：基本活动和支持性活动。笔者基于自身的理解和业务实践需要，把原波特价值链中的支持性活动，进一步拆解成两类：支持性活动和牵引性活动，共 3 类活动，如图 10-1 所示。

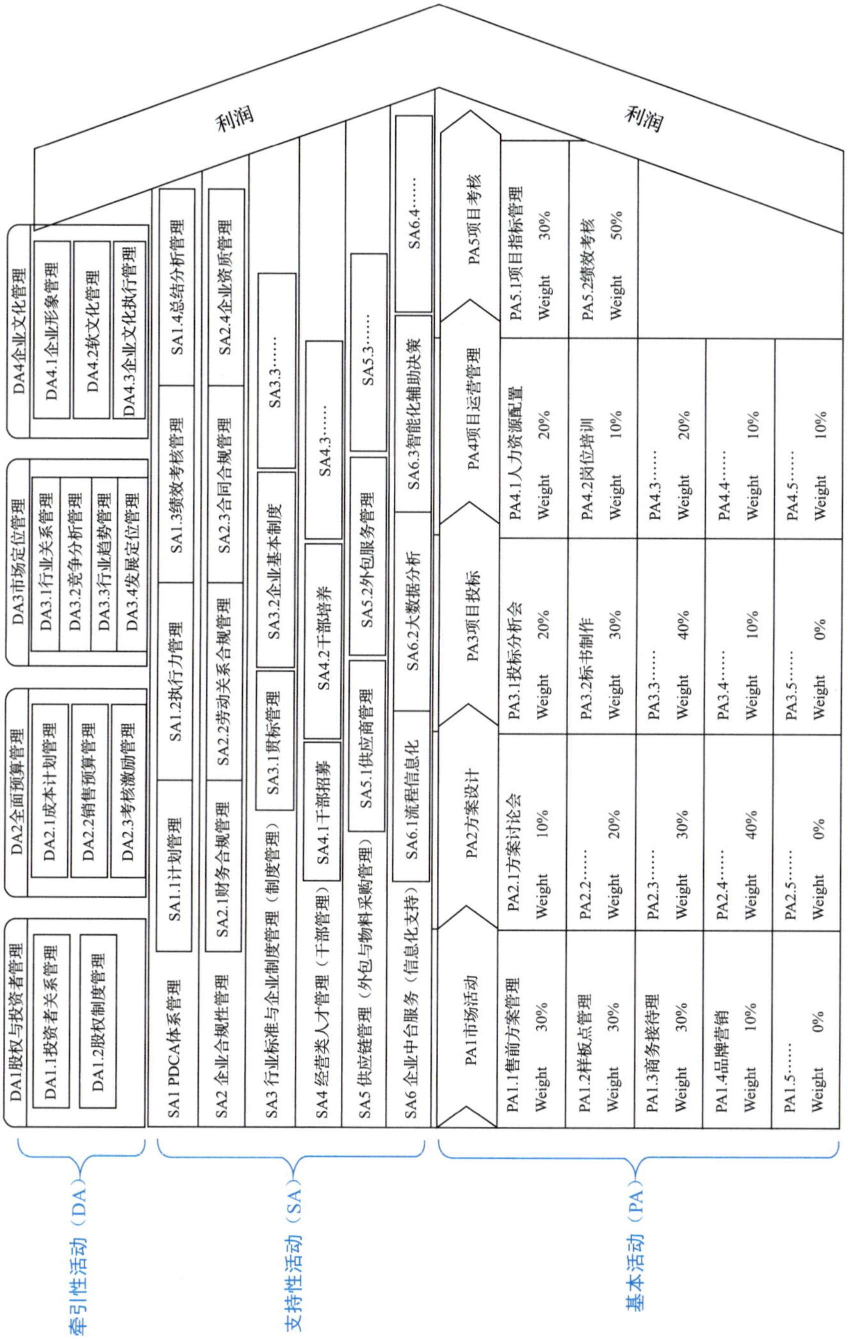
利润
利润
DA1股权与投资者管理
DA1.1投资者关系管理
DA1.2股权制度管理
DA2全面预算管理
DA2.1成本计划管理
DA2.2销售预算管理
DA2.3考核激励管理
DA3市场定位管理
DA3.1行业关系管理
DA3.2竞争分析管理
DA3.3行业趋势管理
DA3.4发展定位管理
DA4企业文化管理
DA4.1企业形象管理
DA4.2软文化管理
DA4.3企业文化执行管理
SA1 PDCA体系管理
SA1.1计划管理
SA1.2执行力管理
SA1.3绩效考核管理
SA1.4总结分析管理
SA2 企业合规性管理
SA2.1财务合规管理
SA2.2劳动关系合规管理
SA2.3合同合规管理
SA2.4企业资质管理
SA3 行业标准与企业制度管理（制度管理）
SA3.1贯标管理
SA3.2企业基本制度
SA3.3……
SA4 经营类人才管理（干部管理）
SA4.1干部招募
SA4.2干部培养
SA4.3……
SA5 供应链管理（外包与物料采购管理）
SA5.1供应商管理
SA5.2外包服务管理
SA5.3……
SA6 企业中台服务（信息化支持）
SA6.1流程信息化
SA6.2大数据分析
SA6.3智能化辅助决策
SA6.4……
PA1市场活动
PA2方案设计
PA3项目投标
PA4项目运营管理
PA5项目考核
PA1.1售前方案管理 Weight 30%
PA1.2样板点管理 Weight 30%
PA1.3商务接待理 Weight 30%
PA1.4品牌营销 Weight 10%
PA1.5…… Weight 0%
PA2.1方案讨论会 Weight 10%
PA2.2…… Weight 20%
PA2.3…… Weight 30%
PA2.4…… Weight 40%
PA2.5…… Weight 0%
PA3.1投标分析会 Weight 20%
PA3.2标书制作 Weight 30%
PA3.3…… Weight 40%
PA3.4…… Weight 10%
PA3.5…… Weight 0%
PA4.1人力资源配置 Weight 20%
PA4.2岗位培训 Weight 10%
PA4.3…… Weight 20%
PA4.4…… Weight 10%
PA4.5…… Weight 10%
PA5.1项目指标管理 Weight 30%
PA5.2绩效考核 Weight 50%
牵引性活动（DA）
支持性活动（SA）
基本活动（PA）

图 10-1　价值链示例

（1）活动目标：图中的方向箭头，表示经过各价值环节增值累加，（可预期）实现的目标。在波特的模型中，活动目标被定义为经济学中的“边际利润（Margin）”。大多数企业的活动目标定义为利润。传统企业的活动目标被统一定义为利润，实际上应该对齐企业战略目标，定义得更具体。

（2）价值环节：一个价值环节代表一类活动，参与到整个价值创造过程中，例如生产环节、设计环节、销售环节等。

（3）价值活动：简单来说，就是企业直接或间接创造价值所需要做的“事”。价值活动可分为 3 类。

① 基本活动（PA）：能够直接为企业创造价值的最核心的活动（至少短期内），对应波特模型中的 Primary Activities。

② 支持性活动（SA）：属于间接增值或不增值但必要的活动。例如人力资源管理、财务管理等。SA 即 Support Activities，对应波特模型的 Support Activities 中的必要活动。

③ 牵引性活动（DA）：虽然属于既不增值也不必要的活动，但是对企业发展起到引领作用，也可以被称为战略活动，例如企业文化管理、市场定位管理等。DA 即 Direct Activities，Direct 有方向性引领的含义，对应波特模型的 Support Activities 中的非必要活动。

价值活动的颗粒度可以根据实际情况来定义，粗粒度的价值活动可以向下分解。比如一级活动供应链管理可分解为多个二级活动，包括供应商管理、仓储管理、物流管理等。

10.4 绘制企业自己的价值链

价值链是一个模型工具，可以根据企业自身特点个性化定制。可以只是简单地设计几个基本活动，也可以全面、深入地设计活动、流程和任务。只要能覆盖建模所涉及的业务场景就是合理的，没有绝对意义上的对错。

下面介绍一般的步骤和方法，一步一步绘制企业自己的价值链，供参考。

10.4.1　定义活动目标

活动目标一般是定量指标，可以对齐企业长期经营目标（如利润），也可以对齐企业的短期战略目标（1～3 年）。笔者更倾向于短期战略目标，原因是短期战略目标代表了企业最急迫、最重要的战略目标，也代表了决策者的管理价值主张。例如一个刚刚完成 A 轮融资的互联网公司，它的战略目标是 3 年内实现用户规模翻十倍。那么，它的价值链目标就不建议定义为利润，相反，是通过牺牲利润来实现用户规模增长。类似的活动目标还有行业排名、满意度、现金流等。

10.4.2　定义价值环节

一般情况下，定义价值环节可以参考行业通用模型，然后在行业通用模型的基础上，进行裁剪或扩展。举个例子，传统制造业的价值环节包括设计、生产、销售和售后等环节。而系统集成科技公司的价值环节则包括售前、解决方案设计、项目实施和运维管理等。

10.4.3　定义价值活动

定义价值活动是价值链建模的核心工作，也是最耗精力的部分。价值活动的命名没有严格要求，建议使用复合名词，比如方案设计、现场管理等。定义的方式一般有两种方式。

（1）自上而下建模。自上而下建模就是根据已经定义好的价值环节，从粗粒度向细粒度定义活动的过程。一般适用于有丰富的建模经验的企业，或者对旧模型改造升级的场景。一级活动粒度较粗，可以向下分解成二级、三级活动。

（2）自下而上建模。自下而上建模是基于业务场景的建模方法，一般适用于公司刚刚组建，或者业务流程不清晰又急于流程落地的场景，是一种快速识别、定义价值活动的模式。

图 10-2 呈现了自下而上进行业务建模的过程。

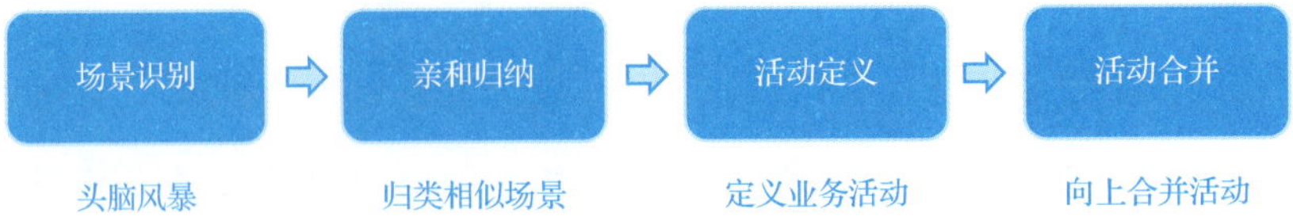

图 10-2　自下而上的业务建模

（1）场景识别： 通过头脑风暴来收集最紧急、最重要的业务场景。例如通过百度推广公司的产品、客户通过 400 电话咨询产品、客户线上投诉等。

（2）亲和归纳： 对收集的业务场景进行亲和归纳，把相似场景进行归类。

（3）活动定义： 将相似场景进行归纳后，形成特定活动，并进行业务活动定义和命名。比如把客户电话投诉、客户电商网站投诉等场景合并成活动，命名为“投诉受理”。

（4）活动合并： 向上合并，形成上级活动。例如把“投诉受理”“投诉分派”“投诉处置”“投诉反馈”等活动向上合并成“投诉管理”。

10.4.4　绘制热力图

定义好一级活动和二级活动后，已基本完成企业全局价值链模型。接下来，可以通过绘制热力图来识别差距和优先级，如图 10-3 所示。

10.4.5　定义流程任务

波特价值链中的活动涉及不同的颗粒度，不同颗粒度的活动对应不同层级流程，低层级流程（如 L3 层级）由若干任务组成。任务的特征如下。

（1）必须有一个上下文（流程），不能单独出现。

（2）要有输入和输出。

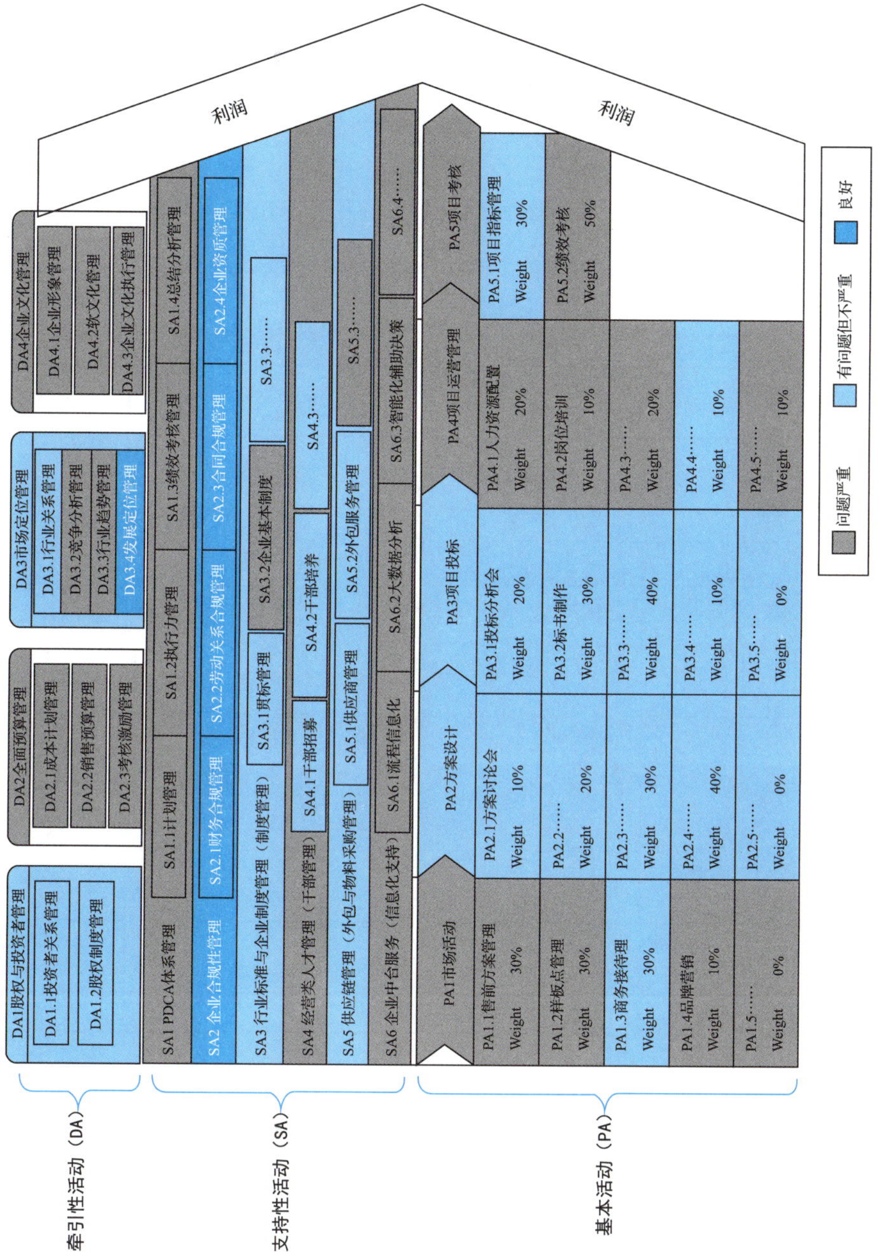
利润
利润
DA1股权与投资者管理
DA1.1投资者关系管理
DA1.2股权制度管理
DA2全面预算管理
DA2.1成本计划管理
DA2.2销售预算管理
DA2.3考核激励管理
DA3市场定位管理
DA3.1行业关系管理
DA3.2竞争分析管理
DA3.3行业趋势管理
DA3.4发展定位管理
DA4企业文化管理
DA4.1企业形象管理
DA4.2软文化管理
DA4.3企业文化执行管理
SA1 PDCA体系管理
SA1.1计划管理
SA1.2执行力管理
SA1.3绩效考核管理
SA1.4总结分析管理
SA2 企业合规性管理
SA2.1财务合规管理
SA2.2劳动关系合规管理
SA2.3合同合规管理
SA2.4企业资质管理
SA3 行业标准与企业制度管理（制度管理）
SA3.1贯标管理
SA3.2企业基本制度
SA3.3……
SA4 经营类人才管理（干部管理）
SA4.1干部招募
SA4.2干部培养
SA4.3……
SA5 供应链管理（外包与物料采购管理）
SA5.1供应商管理
SA5.2外包服务管理
SA5.3……
SA6 企业中台服务（信息化支持）
SA6.1流程信息化
SA6.2大数据分析
SA6.3智能化辅助决策
SA6.4……
PA1市场活动
PA2方案设计
PA3项目投标
PA4项目运营管理
PA5项目考核
PA1.1售前方案管理 Weight 30%
PA1.2样板点管理 Weight 30%
PA1.3商务接待管理 Weight 30%
PA1.4品牌营销 Weight 10%
PA1.5…… Weight 0%
PA2.1方案讨论会 Weight 10%
PA2.2…… Weight 20%
PA2.3…… Weight 30%
PA2.4…… Weight 40%
PA2.5…… Weight 0%
PA3.1投标分析会 Weight 20%
PA3.2标书制作 Weight 30%
PA3.3…… Weight 40%
PA3.4…… Weight 10%
PA3.5…… Weight 0%
PA4.1人力资源配置 Weight 20%
PA4.2岗位培训 Weight 10%
PA4.3…… Weight 20%
PA4.4…… Weight 10%
PA4.5…… Weight 10%
PA5.1项目指标管理 Weight 30%
PA5.2绩效考核 Weight 50%
问题严重
有问题但不严重
良好
牵引性活动（DA）
支持性活动（SA）
基本活动（PA）

图 10-3　热力图示例

（3）任务之间可跨价值环节（业务域）进行交互。这有别于价值活动，尤其是基本活动。基本活动需要清晰的边界，它创造的价值也隶属于唯一的价值环节。跨价值环节的任务交互是协作辅助的行为。

可以通过绘制流程图（参考 BPMN 相关语法）来实现，也可以通过简单的表格建模。表 10-1 给出了一个表格形式展现的“流程任务表”。

表 10-1 流程任务表

活动分类	一级活动	二级活动	三级活动（流程）	描述	权重	主要输出
PA 基本活动	PA1 市场拓展	PA1.1 售前方案管理	PA1.1.1 企业 PPT 模板及素材获取	在企业文化管理框架下，使用企业统一的 PPT 模板		1.统一的 PPT 模板 2.已积累的图片、文档等
		PA1.1 售前方案管理	PA1.1.2 售前 PPT 制作或更新	制作售前用的 PPT，根据 PDCA 管理活动要求，定期更新售前 PPT		已更新的售前 PPT
		PA1.1 售前方案管理	PA1.1.3 PPT 配套话术制作	制作售前用的演讲话术		售前话术文档
		PA1.1 售前方案管理	PA1.1.4 PPT 演讲培训及预演	培训所有市场相关人员 PPT 演讲能力，根据 PDCA 管理活动邀请，定期培训		1.培训记录表 2.培训视频、图片、文档
		PA1.2 样板点管理	*待完善*			
		PA1.3 商务接待管理	*待完善*			
		……				

10.4.6 分配角色

为每个任务分配角色，可以采用 RACI 模型（谁负责 Responsible、谁批准 Accountable、咨询谁 Consulted、通知谁 Informed）或者 RAAI 模型（谁负责 Responsible、谁批准 Accountable、谁辅助 Assisted、通知谁 Informed）。其中，责任角色（R）是必填项。表 10-2 是基于 RACI 模型的一个角色分配表示例。

表 10-2　角色分配表

o	二级活动	三级活动（流程）	描述	权重	主要输出	实现方式			责任分配（角色）			
						内部资源	外部采购	合作支持	谁负责（R）*	谁批准（A）	咨询谁（C）	通知谁（I）
PA1 市场拓展	PA1.1 售前方案管理	PA1.1.1 企业 PPT 模板及素材获取	在企业文化管理框架下，使用企业统一的 PPT 模板		1. 统一的 PPT 模板 2. 已积累的图片、文档等	是			R1 数字资产管理员			R2 数字资产主管
	PA1.1 售前方案管理	PA1.1.2 售前 PPT 制作或更新	制作售前用的 PPT，根据 PDCA 管理活动要求，定期更新售前 PPT		已更新的售前 PPT	是			R3 售前经理	R4 市场主管		R5 PDCA 督导员 R1 数字资产管理员
	PA1.1 售前方案管理	PA1.1.3 PPT 配套话术制作	制作售前用的演讲话术		售前话术文档	是			R3 售前经理	R4 市场主管		R1 数字资产管理员
	PA1.1 售前方案管理	PA1.1.4 PPT 演讲培训及预演	培训所有市场相关人员 PPT 演讲能力，根据 PDCA 管理活动邀请，定期培训		1. 培训记录表 2. 培训视频、图片、文档	是			R6 管理类培训专员		R3 售前经理	R5 PDCA 督导员
	PA1.2 样板点管理	*待完善*										
	PA1.3 商务接待管理	*待完善*										
	……	*待完善*										

10.4.7　重构组织架构

经过价值链分析建模，我们梳理了主要价值活动、流程任务及承担任务的角色。此时，已基本实现责任到位，且边界清晰，可以轻松地对组织架构进行重构。

（1）对角色进行亲和归纳，分配给相关部门（或新建部门）。

（2）根据任务数量和难度，配置人员编制。

由于业务活动和部门不是直接绑定的，而是通过角色来联系的，图 10-4 呈现了从角色到组织进行建模的思路。这种解决方式，给组织架构的重构留下很大的弹性空间，既可按需灵活调整又不会“伤筋动骨”。对于一些已经出现“死海效应”的企业，也可通过从

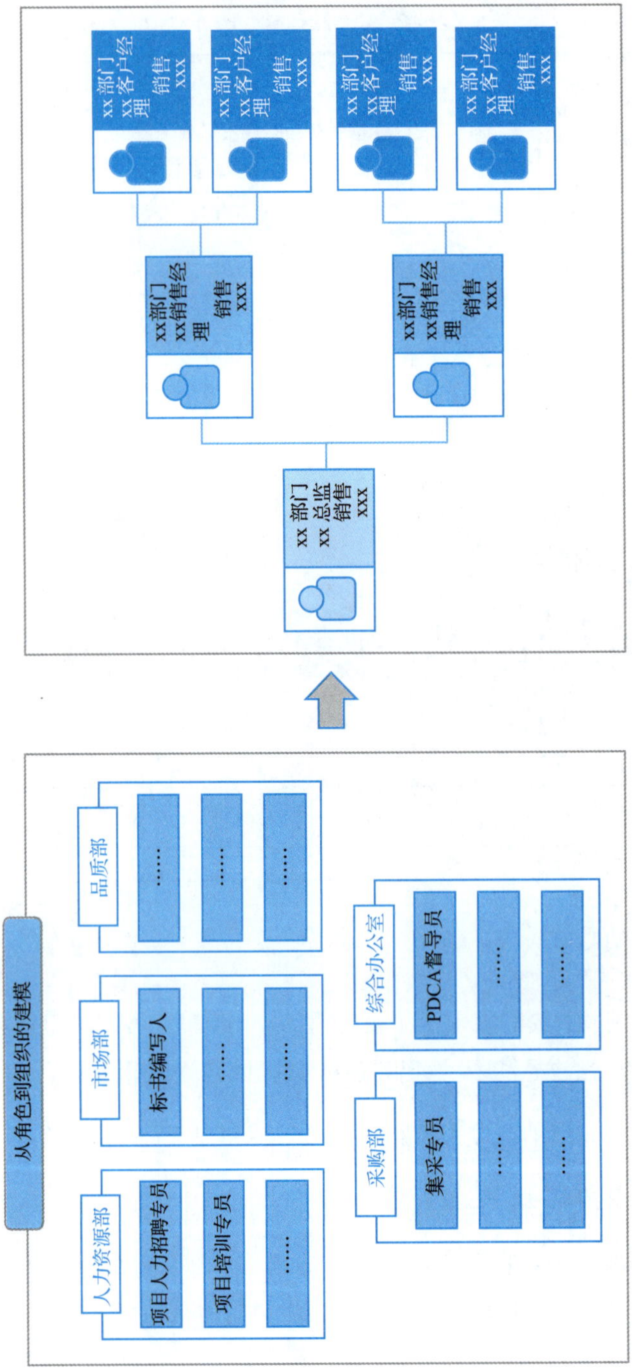

图 10-4 从角色到组织的建模

角色到组织的建模来重新激活组织活力。

此外，通过对角色的进一步分析、分解，可以获得更多、更细化的模型。表 10-3 展示了不同角色涉及的相关内容。

表 10-3　角色分析表

角色名称	工作职责	绩效评价内容	重要程度	职能归口（参考）	任职能力要求	当前能力差距		
						可胜任	提升后可胜任	无法胜任
R1 数字资产管理员	1. 负责接收企业运行过程中的数字资产，包括电子文档、影像资料等； 2. 负责整理、归档接收的数字资产，能够快速查找到相关资料； 3. 负责对外输出数字资产，需要按照相关合规制度执行	1. 归档及时率 2. 合规投诉率 3. 协同满意度 4. 错误率	一般	数字化中心			是	
R2 数字资产主管	1. 建立和完善数字资产管理计划并监督执行； 2. 建立和完善保密等级制度并监督执行； 3. 建立和完善数据安全管理计划并监督执行； 4. 建立和完善对外交互流程制度并监督执行； 5. 负责通过信息化手段提升管理能力	1. 制度完善度评分 2. 制度指标化评分 3. 制度实用性评分 4. 执行情况评分 5. 信息化能力评分 6. 综合满意度评分 7. 投诉情况评分 8. 重大事故情况	重要	数字化中心				是
R3 售前经理	1. 根据市场工作计划，编写市场拓展相关的解决方案、宣传材料等； 2. 根据客户要求，编写项目解决方案； 3. 配合市场拓展人员，进行 PPT 宣讲、交流（负责解决方案交流）	1. 交付物检查评分 2. 交流能力评分 3. 合规性评分 4. 协同满意度 5. 重大事故情况	重要	市场部				是

为了能更好地理解表 10-3 中相关列的内容，简要说明如下。

（1）工作职责：明确当前角色的职责范围。

（2）绩效评价内容：明确当前角色的绩效评价指标，以定量指标为主。为绩效评价体系建立提供指标支持。

（3）重要程度：明确当前角色的重要程度。

（4）职能归口：所属部门。

（5）任职能力要求：当前角色的任职能力要求。

（6）当前能力差距：

- 可胜任：表明企业人员可胜任；
- 提升后可胜任：培训后可胜任，可编入培训计划；
- 无法胜任：需要外聘人员，可编入招聘计划。

通过对角色进一步分析，进一步落实了企业管理过程中几个常见的计划方案，包括培训计划、招聘计划、绩效考核指标（计划）等。经过对企业价值创造过程的分析，这些方案更切合实际，对企业经营也更具有指导价值。

10.5 案例小结

本章通过对价值链的解释及建模实践，探讨在不实施 IT 项目的情况下，如何实现企业管理实践。在此，简要补充一下该案例的实施措施及实践效果。

实施措施如下。

（1）缩短价值链，合并价值环节，提高市场活动的比重。

（2）识别所有业务活动，进行活动分类，包括增值且必要活动、非增值且必要活动和非增值不必要活动。对后两类活动进行重组、裁剪。

（3）按角色重构组织架构，绩效采取“3-4-5”策略，即 3 个人承担 5 个人的角色，拿 4 个人的绩效。

实践效果：企业经过快速调整后，虽然订单量由于疫情下降了 20%，但是企业综合成本降低了 23%，人均产能提高了近 30%，企业成功度过危机，与此同时，企业活力得到前所未有的激发和提升。

11

第 11 章
V 公司业务架构实践案例

第 10 章的 K 公司业务架构实践案例重点介绍了价值链，本章案例涉及“流程”与“能力”的融合，在 V 公司业务架构实践的基础上结合一些新的思路进行了补充和微调。

本章涉及的主要内容有：

- V 公司简介；
- V 公司面临的挑战及业务架构建设的背景；
- 启动业务架构设计；
- 设计业务架构；
- 业务架构落地；
- 案例小结。

11.1 V公司简介

V 公司是一家专注于智能终端产品、软件和互联网服务的中国科技公司，目前 V 公司在 40 多个国家和地区，拥有超过 300000 个销售网点，在全球共有四大研究所和四大研发中心，拥有超过 40000 名员工。V 公司在全球智能手机市场中份额位居第五。2020 年，V 公司明确企业愿景是“成为更健康更长久的企业”。

从创立品牌到发展成为全球第五大的智能终端企业，V 公司仅用了 13 年时间。这一高速发展既得益于中国和全球智能终端市场方面的强劲需求，也与公司用户导向、追求极致的产品理念分不开。

11.2 V公司面临的挑战及业务架构建设的背景

11.2.1 面临的挑战

当进入 21 世纪第 3 个十年后，V 公司面临了 4 个明显的挑战。

1. 业务范围快速扩展

公司成立初期，以单一产品作为公司生产运营的核心。最初以蓝光 DVD 为核心，后续以 MP4 为核心，在 21 世纪 10 年代切入智能手机市场。回顾发展历程，V 公司大部分时间都在消费电子领域的单一品类上进行深耕。这种聚焦的战略，使得 V 公司在打磨产品功能完整性、用户洞察深度、特性研发等方面都具有极大的优势，从而保证产品具有很强的竞争力，成为相应品类产品全球第一梯队的成员。但近年消费电子领域逐渐出现以生态平台为整体开展竞争的趋势，通过智能手机、可穿戴产品、智能电视、智能家居融合，为消费者提供无缝的智能体验。因此，快速扩展产品品类、多产品间协同研发、提供集成化的智能体验成为 V 公司近年的核心业务方向，这也使得 V 公司的产品研发、业务管理、用户运营等方面的复杂度开始呈指数型上升。

2. 组织规模增大

多年以来，V 公司一直坚持招聘优质人才，尤其是从国内重点大学毕业的应届生。同时在研发、采购、销售等方面的工作中采用导师制，有效进行了经验传承。这在公司发展的早期，保证了良好的组织能力和亲密团结的工作氛围。但随着产品品类扩展、行销区域增多，需要的人员数量大增、技能要求更为丰富，公司的人员规模呈倍数增长。这使得在大规模、复杂知识背景的团队中如何有效达成共识、协同开展工作成为一项极具挑战的任务。虽然 V 公司一直具有良好的企业文化，员工以本分工作为目标，但缺少系统性的运作体系。在一系列事项乃至重要工作中，出现了人员间、组织间不协调的情况。

3. 国际化销售与服务

V 公司的产品研发、制造、运输、销售分布在不同的国家。各个国家的文化背景、法规要求、人员教育程度不同，客户的需求也有明显的本国特色，甚至自然环境都有较大差异。如何保证 V 公司的核心能力和跨国运作方式在本地能有效落地，从而使得产品和服务都具有稳定、优质的品质，保持良好的竞争力，是国际化公司都面临的挑战。

4. 行业红利逐步减少

V 公司所处的智能电子消费品行业，已经是一片红海。用户对智能电子消费品的使用有多年经验，对产品的特性要求与自己的需求契合度有了明确的诉求，通过“用脚投票”的方式，在各厂家、各品类智能电子产品中进行选择，选择范围大。而这一领域的几大头部厂商不约而同地在品类扩展、生态建设、技术引领、粉丝社团运营等方面发力，竞争态势胶着，目前没有哪家具有突破性优势。同时，近几年整个行业的出货量增速、单品毛利率都呈明显下降趋势，竞争的态势进一步激化。

这一系列挑战，使得 V 公司近 3 年在业务增长速度、内部运作效率、客户黏性、相对竞争优势方面都承受了巨大压力。

11.2.2 决定建设业务架构

面临挑战，采用何种措施予以应对？V 公司的管理层进行了一段时间的思考、研讨，也与不同行业的优秀企业进行了交流和对标。最终，管理层形成了如下共识。

- 随着数字化技术的进步，数字化已经成为领先企业新的竞争力，数字化将给企业带来巨大效益和新的竞争优势，数字化转型已成为企业发展的必然趋势。
- V 公司要构建六大业务能力与四大管理能力（本章不展开介绍），其中数字化能力是重要的管理能力，是其他能力的基础，优先提升数字化水平和能力成为当务之急。
- 当前 V 公司的数字化基础薄弱，无顶层设计，流程、数据、系统不完整且相互未拉通，难以支撑 V 公司的战略发展。

基于上述共识，管理层制定了分步走的推进计划。首先在一年内，完成四大领域（IPD-Integrated Product Development、CRM-Customer Relationship Management、ISC-Integrated Supply Chain 及 IFS-Integrated Finance）、二大拉通（主价值流端到端、业财）的流程设计，形成 V 公司统一的经营语言，支持精细化管理，形成 V 公司数字化方法论，然后用一年时间，通过协同努力，完成主要数字化建设工作，基本实现数字化转型。

V 公司的数字化方法论，基于企业架构进行构建，以业务架构设计作为数字化转型的第一步，于 2021 年 2 月正式开始。

11.3　启动业务架构设计

11.3.1　业务架构设计的关键思考

1. 业务架构设计的原则

为了保证 V 公司的数字化转型工作成功进行，在业务架构设计时要遵循如下原则。

（1）框架及主干正确，避免关键能力缺失及重复、零散建设。

（2）覆盖关键的业务模式场景，确保聚焦现有主流业务，并适配未来。

（3）自上而下战略引导，贴合当前业务重点、市场趋势以及 V 公司战略发展方向。

（4）端到端跨领域拉通，避免业务不畅、系统不通、数据不一致。

2. 流程框架设计是关键

体系化的流程框架，是承接业务战略、模式设计及指导数字化应用建设的关键，如图 11-1 所示。

设计流程框架，会涉及向上、向下两个方向。

（1）向上，流程框架为业务管理提供能力建设方向及标准化沉淀。

- 识别关键能力缺口：战略和商业模式牵引，对标行业优秀实践，识别能力差距（如关键能力缺失），为能力建设提供方向和基础。
- 识别共性、差异性能力：识别主干流程及不同业务场景下的“共性”“差异性”能力，避免烟囱式能力构建。

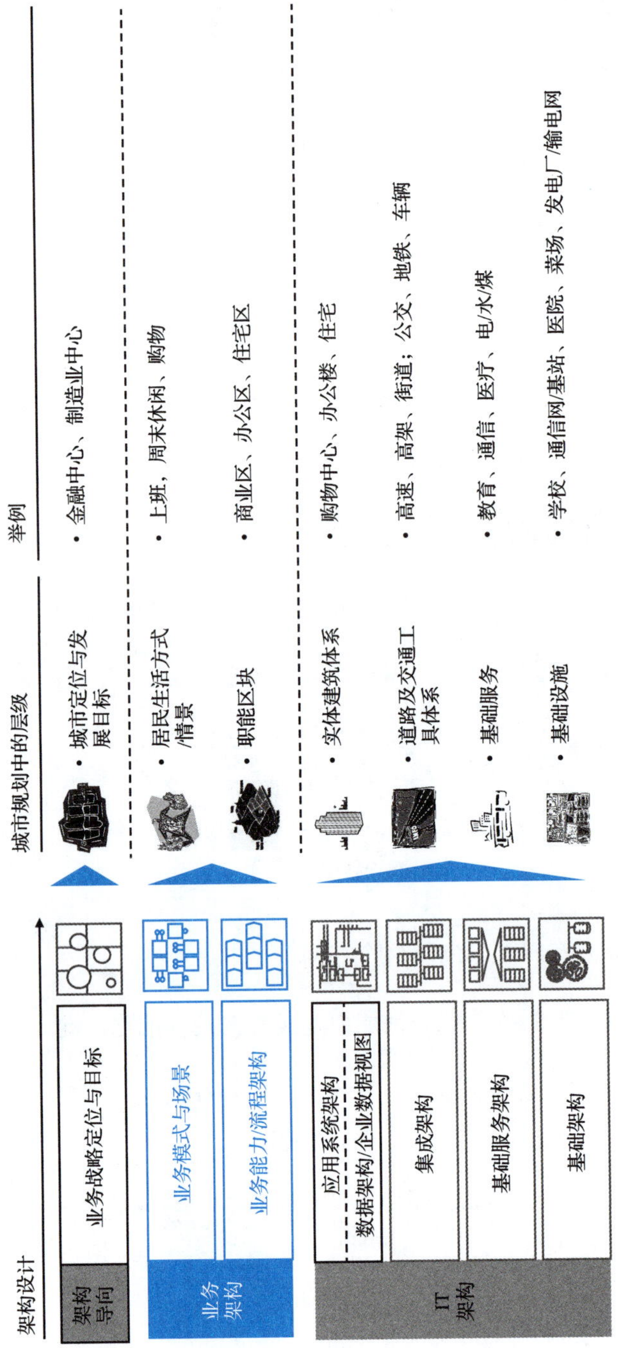

图 11-1　以业务能力指引，设计流程框架，落地业务架构

- 推动跨领域协同拉通：明确职责边界和协作模式，并实现业务流程的跨职能衔接。
- 沉淀标准化能力：避免业务操作因人而异，带来运营和管理风险。

（2）向下，流程框架指导应用架构（AA）与数据架构（DA），确保三者的一致性。

3. 业务架构设计的主要内容

基于上述方面的考虑，V 公司决定把流程体系设计作为主要承载形式，全面开展业务架构设计工作，重新设计完整的流程框架，以业务能力为指引，合理利用现有的业务流程基础，完成整体业务架构设计，主要工作内容如下。

（1）建立体系化、标准化的企业流程框架，为运营管理标准化提供基础框架及通用语言。

（2）业务模式场景牵引，侧重关键业务模式场景的主干流程，同时反映和支持不同业务场景下的“差异点”。

（3）结合关键战略转型主题，识别关键的业务模式及能力要求，作为流程及系统建设的输入。

（4）提升跨领域打通，明确职责边界和协作模式，并实现业务流程的跨职能衔接。

11.3.2　流程框架设计方法

1. 流程框架设计的 3 个主要阶段

对于设计流程框架这项工作，V 公司将其分解为 3 个阶段（如图 11-2 所示），从而搭建具有业务模式场景差异化的业务流程框架。

（1）**梳理业务模式场景**：围绕战略转型主题开展顶层设计，考虑不同业务维度，识别关键业务模式场景。

（2）**甄别核心业务能力**：沿业务价值链，甄别各环节核心业务能力。

（3）**搭建差异化的流程框架**：搭建核心业务流程的流程框架和流程模块，并实现端到端流程串联。

图 11-2　流程框架设计工作的 3 个阶段

2. V 公司流程框架的 6 个层级

完成基本的梳理和设计后，V 公司流程框架将被整体分成 6 个层级，如图 11-3 所示。

		定义	举例
流程模块	L1 层级流程（流程域）	▪ 业务流程主干（同行业内价值链基本一致）	▪ 集成市场管理
流程模块	L2 层级流程（流程域）	▪ 运营模式层面，因业务场景不同而差异化形成不同分组	▪ 销售渠道管理 ▪ 营销活动管理
流程模块	L3 层级流程（业务能力）	▪ 为实现运营模式，所需要的业务能力（与IT系统的选用不相关）	▪ 渠道激励管理 ▪ 定价和溢价管理
流程模块	L4 层级流程（子业务能力）	▪ 为实现运营模式，所需要的子业务能力（与IT系统的选用不相关）	▪ 代理商政策管理 ▪ 管理代理商授权/终止
具体流程	L5 层级流程（工作流）	▪ 结合特定IT系统的，描述业务与IT系统的一系列活动及交互过程所形成的工作流	▪ 代理商信息更新
具体流程	L6 层级流程（工作任务及系统操作）	▪ 基于特定IT系统的，记录用户在IT系统中的具体工作任务及系统操作/详细规范	▪ 在代理商管理系统中编辑录入新的渠道代理商信息条目

图 11-3　流程框架 L1～L6 层级

其中，L1～L4 层级流程是实现业务模式的基本业务活动框架，L5～L6 层级流程通常需要结合 IT 系统开发的规范，基于标准流程定制、修改。通常将 L1～L4 层级流程称为“流程模块”，它们是逻辑上的工作模块，主要回答“干什么”的问题，通过梳理它们组成企业运营及管理的能力模型，指导具体流程的建设与设置；将 L5～L6 层级流程称为“具体流程”，它们是工作模块操作方式的具体描述，主要回答“怎么干、谁来干、什么时候干、用什么干”的问题，通过梳理它们形成行动手册，指导日常运营及管理过程。

11.4　设计业务架构

11.4.1　建立流程设计组织

三军无号令不行，流程框架设计工作首先要做好组织保障，V 公司为此成立了项目组，依照领域划分为 7 个小组，每个小组都明确了业务项目经理、业务项目执行经理、业务组、流程组、IT 经理和顾问组这 6 大角色，如图 11-4 所示。其中，特别明确由业务负责人牵头、发挥业务主人翁作用，以保证设计的流程能真正适合业务场景，具有业务生命力。

11.4.2　明确流程框架设计计划

1. 流程框架设计的 8 个步骤

（1）流程框架搭建（L1～L3 层级）。

（2）流程定义（L4 层级）。

（3）流程设计（L5 层级）。

（4）流程差距识别。

（5）变革点甄别及排序。

（6）提升路线图规划。

（7）业务模式及痛点梳理。

（8）L4 层级流程串联（关键业务模式）。

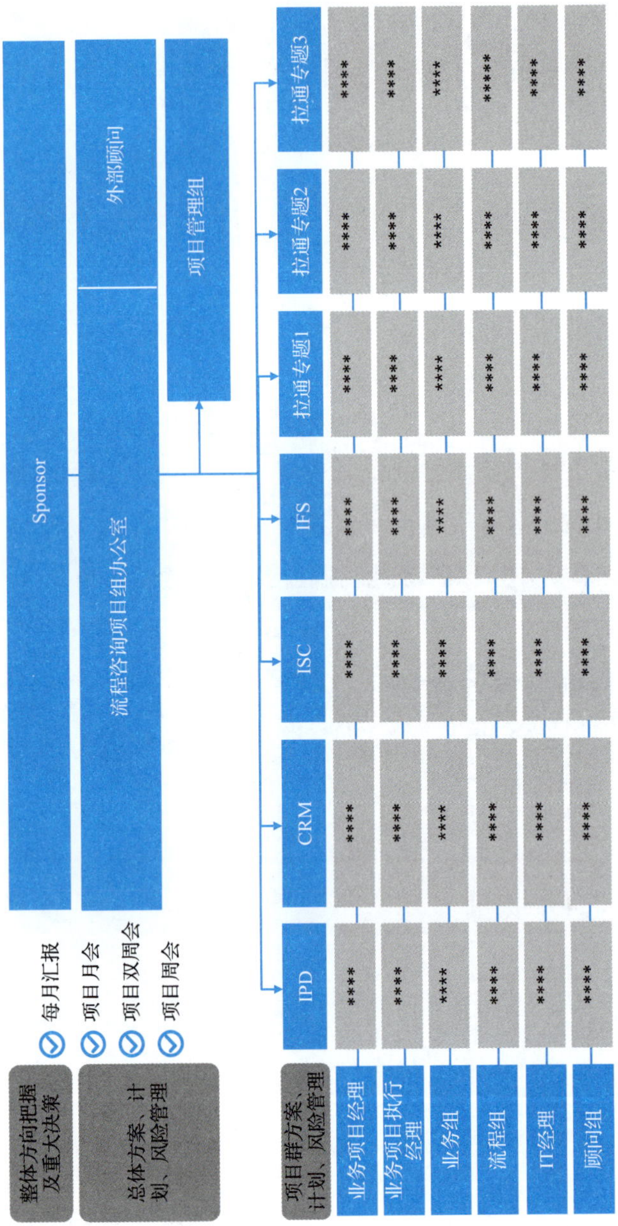

图 11-4　流程框架设计项目组织

2. 流程框架设计 8 步骤的配合关系

这 8 步之间并不是严格的先后顺序关系，需要相互配合完成，具体关系如图 11-5 所示。

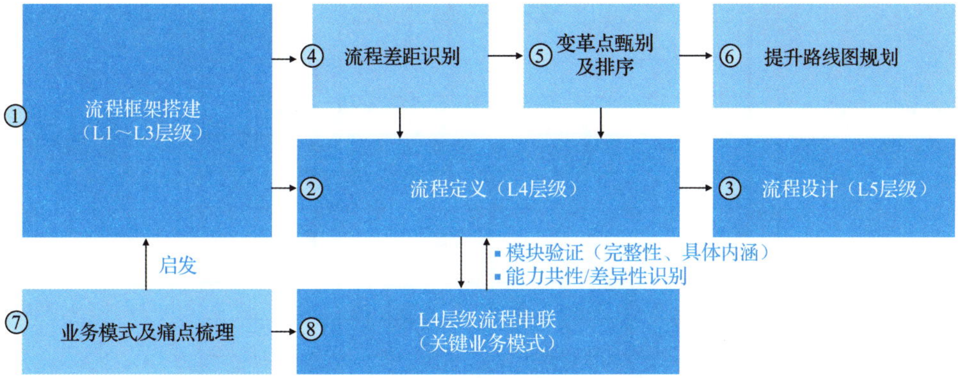

图 11-5　流程设计 8 步骤

图中 1、2、3、8 这 4 个步骤是主干步骤，后续将对这 4 个步骤的相关内容进行阐述。考虑到痛点分析、提升路线图规划等步骤与每个企业的特点结合紧密，在此不进行展开。

3. 流程框架设计计划示例

各个小组依照本领域的特点制作具体的工作计划，以某个领域小组为例，如图 11-6 所示。

11.4.3　开展流程框架设计工作

11.4.3.1　流程框架设计原则及两部分层级特点

在进行流程框架搭建时，V 公司明确了如下关键原则。

（1）流程框架：本质是“能力框架”。以能力的分类和拆解为依据，在相对较长时间内结构保持稳定。

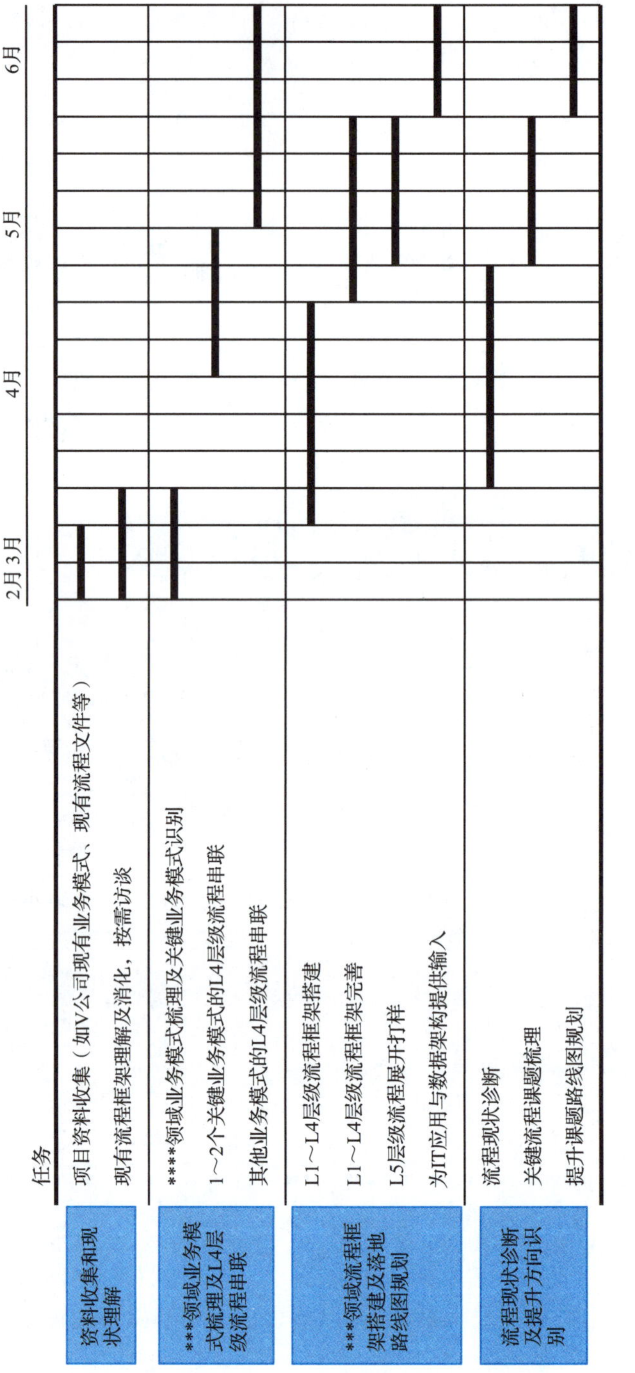
2月 3月
4月
5月
6月
任务
资料收集和现状理解
项目资料收集（如V公司现有业务模式、现有流程文件等）
现有流程框架理解及消化，按需访谈
***领域业务模式梳理及L4层级流程串联
****领域业务模式梳理及关键业务模式识别
1～2个关键业务模式的L4层级流程串联
其他业务模式的L4层级流程串联
***领域流程框架搭建及落地路线图规划
L1～L4层级流程框架搭建
L1～L4层级流程框架完善
L5层级流程展开打样
为IT应用与数据架构提供输入
流程现状诊断及提升方向识别
流程现状诊断
关键流程课题梳理
提升课题路线图规划

图 11-6　某领域流程框架设计工作计划

（2）能力模块：做到“不重不漏”。体现该领域必须具备的能力全集，且相互独立。

（3）模块层级：体现现阶段的重要性。模块层级反映该能力对现阶段业务的重要性；并结合未来发展方向，适当考虑前瞻性。

（4）持续改良，非另起炉灶。合理利用现有的业务流程基础，在不违背其他关键原则前提下，进行价值判断，尽量避免非必要的推倒重来。

同时明确两部分层级的特点。

（1）L1～L4 层级流程：对业务覆盖全面，结构严谨；反映业务逻辑，虽不直接体现现有组织架构与职责划分，但有指导意义；具有流程业务目的、输入、输出、关键业务控制点、业务逻辑等信息。

（2）L5～L6 层级流程：可挂靠在流程框架的流程模块之下（取决于该具体流程涵盖范围，可挂靠在不同层级的流程模块之下），本身是一个流程图，具有具体的工作过程与职责定义。

11.4.3.2　流程框架设计（L1～L3 层级）

流程框架设计原则确定后，项目组参照下面三步着手搭建 L1～L3 层级流程框架。

1. 从业务价值链与管理层次链两个角度，甄别与结构化各环节的核心业务能力

（1）业务价值链沿着主价值链“产品研发→市场营销→供应链→售后支持”展开，并融合支撑价值链“企业管控与支持”中的内容。

（2）管理层次链沿着“规划与建设”“执行与监控”两个层次打开，从而形成 L1～L2 层级流程框架，示例如图 11-7 所示。

2. 结合各领域的行业经验

如 IPD 领域 PACE、ISC 领域 SCOR 模型等，对 L1～L2 层级流程中涵盖的关键能力进行补充、校验，并进一步扩展至 L3 层级流程。

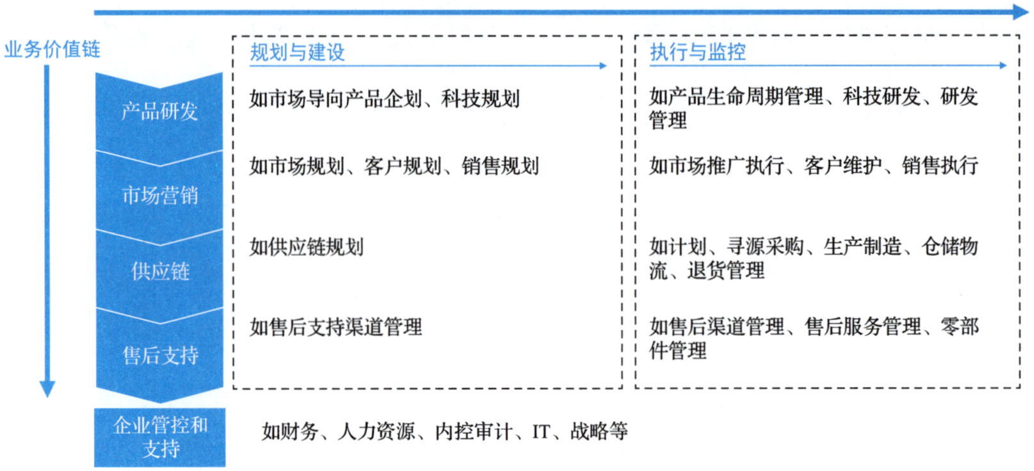

图 11-7　L1～L2 层级流程示例

3. 流程框架需要反映和支持不同业务模式场景下的“差异点”

比如在“集成市场管理”这段 L1 层级流程中，在进行下一层级设计时，依据 To B 和 To C 业务模式的不同，可以划分出“销售渠道管理”“线下零售管理”“电商零售管理”；又如在“集成产品开发”这段 L1 层级流程中，在进行下一层级设计时，考虑到管理对象-产品特性差异，可以划分出“智能硬件产品策划与开发”“软件产品策划与开发”“技术规划与开发”。

经过以上三步多轮迭代讨论后，V 公司 L1～L3 层级流程框架已基本清晰。

11.4.3.3　流程框架设计（L4 层级）

L4 层级流程是整个流程体系中承上启下的部分，有着极为重要的作用。

1. 从 L3 层级分解到 L4 层级的判断逻辑

L3 层级流程清晰以后，从 L3 层级分解到 L4 层级，可以参考图 11-8 的逻辑进行决策判断。

其中，通过自上而下和自下而上的方式梳理 L4 层级模块，主要方式如下。

（1）根据 L3 层级流程定义和内容，将 L3 层级流程拆解成 L4 层级流程。

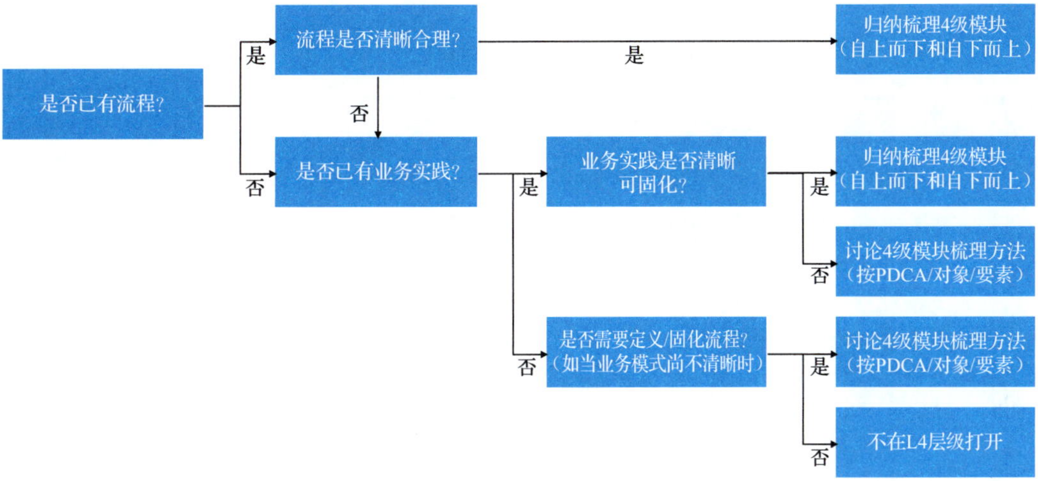

图 11-8　从 L3 层级到 L4 层级的拆分决策树

（2）将具体业务流程和操作手册中具有相近目标和结果的环节总结、提炼成 L4 层级流程。

两种方式互相补充和检查，确保 L4 层级流程是针对 L3 层级流程的打开，不重复，不遗漏。

2. L4 层级流程包含的要素

一个完整的 L4 层级流程，包含的要素如图 11-9 所示。

3. L4 层级流程串联校验

当 L4 层级流程定义的初稿完成后，还需要进行本领域内和跨领域的 L4 层级串联，沿着业务场景，将相应场景中涉及的 L4 层级，包括其业务目标、输入、输出、主要活动进行串联，并对关键业务逻辑规则进行校验。

串联通常可以从如下方法展开。

（1）先串“主干”业务模式再类推至其他模式，确保最重要的模式先跑通，识别关键的“共性”能力，同时兼顾模式间必要的“差异性”。

要素	描述
流程名称	流程在企业内部的标准命名
流程编号	流程有且唯一的代号
业务目标	对流程需要完成的业务功能的总结
输入（L4层级）	流程运行所需要的数据、文档输入
输出（L4层级）	作为流程运行的结果，输出的数据或文档
主要活动	流程链路上，主要进行的业务操作
关键业务逻辑规则	在流程执行过程中，关键节点进行逻辑判断所依赖的规则

图 11-9　L4 层级流程模块要素

（2）先“画轮廓”再描细节，关键流程先接通，做出“靶子”再进一步讨论迭代，并补充额外优化细节。

（3）对于较新的业务领域，关注背后的关键业务逻辑，不纠结细节。

通过串联，既验证了 L4 层级流程模块定义是否准确，也进行了查重补漏，更重要的是为 L5 层级流程详细展开和 IT 应用故事板（storyboard）设计等提供关键“上下文”。

11.4.3.4　流程框架设计（L5 层级）

1. L5 层级流程包含的要素

L5 层级流程已经是具体流程，通过“一图一表”及相关附件文档进行描述，即一张流程图和一张流程定义表及相关的业务规范等。L5 层级流程图的绘制使用统一的符号以便理解，通常包含 5 个要素，如图 11-10 所示。

维度	描述
活动	流程中的行为列表和行为的结果
时间	活动发生的时间、顺序
参与人物/组织	组织、团队、个人按角色进行活动
数据/文档	流程步骤中涉及的输入、数据和输出文档
工具	每个活动的工具载体，如某个IT系统，或通过手动进行（包括电子邮件、传真、电话等）

图 11-10　L5 层级流程的要素

2. 确定 L5 层级流程的步骤

要确定 L5 层级的内容，一般采用如下 3 个步骤。

（1）思考与讨论。

- 明确流程目的——流程结果不同，流程设计的思路亦会不同。建议以工作预设结果为条件，由工作结果倒推流程。
- 咨询流程专家——由于流程专家对管理和设计流程非常熟悉，可以考虑在讨论时直接手绘流程并请专家确认。

（2）落笔绘制。

- 确定边界——流程从何处开始，何处结束？
- 确定流程参与者——这个流程会涉及哪些人？
- 确认步骤——哪些动作需要先做，哪些后做，谁来做？
- 确定判断点——有没有其他方法可选？什么因素决定了要选择哪个方式？
- 用标准的流程标记画一个初始的流程，包括泳道和动作标记。

（3）检验校对。

- 检查完整性——是不是所有的参与者都出现了？
- 是不是所有的逻辑可能性都被考虑在内了？有没有遗漏可能性？
- 与专家交流，查看流程是否完整。

通过如上 3 个步骤的反复迭代，最终形成 L5 层级流程内容。

11.4.3.5 流程框架设计（L6 层级）

L6 层级流程主要用于支持对应的 IT 系统建设项目，此处不再进行全面展开。它可以作为 IT 系统建设项目高阶业务方案的主要内容，在具体解决方案设计过程中一并进行。

1. 是否要进行 L6 层级流程设计，主要看 L5 层级流程的内容是否属于如下三种情况之一

（1）本活动中需要 IT 结构化表单支持。

（2）本活动需要细化审批电子流程。

（3）本活动需要其他 L5 层级流程输入结构化数据。

2. 通常 IT 系统建设项目的高阶方案包括如下内容

（1）方案目标及范围。

（2）业务总体视图。

（3）业务场景及关键点设计（L6 层级）。

（4）业务协同点设计（可穿透多个层级流程）。

（5）数据流转设计。

（6）IT 系统逻辑设计（应用功能、集成架构、接口清单）。

（7）技术方案（技术栈、部署方案）。

（8）项目计划。

（9）项目团队和资源需求。

关于 IT 系统建设项目的具体细节，不在此处展开。

11.4.4　流程框架评审

当各小组完成 L1～L5 层级流程框架设计后，将对交付件进行评审。评审分为组内评审和各级流程 Owner 评审两个阶段。

- **组内评审：**主要对流程完整度、IT 产品诉求清晰度、承载数据 CRUD 活动、合规打点情况进行评审。
- **各级流程 Owner 评审：**主要对业务覆盖范围、流程适配业务场景进行评审。

相关评审都完成后，所有交付件都进行归档。

11.5　业务架构落地

11.5.1　组建业务架构落地保障体系

在明确流程 Owner 的基础上，由流程 Owner 牵头，建立管理保障体系。在管理体系中，明确执行流程的各组织及组织间协同的关系，形成保障体系。以“需求管理”流程为例，如图 11-11 所示。

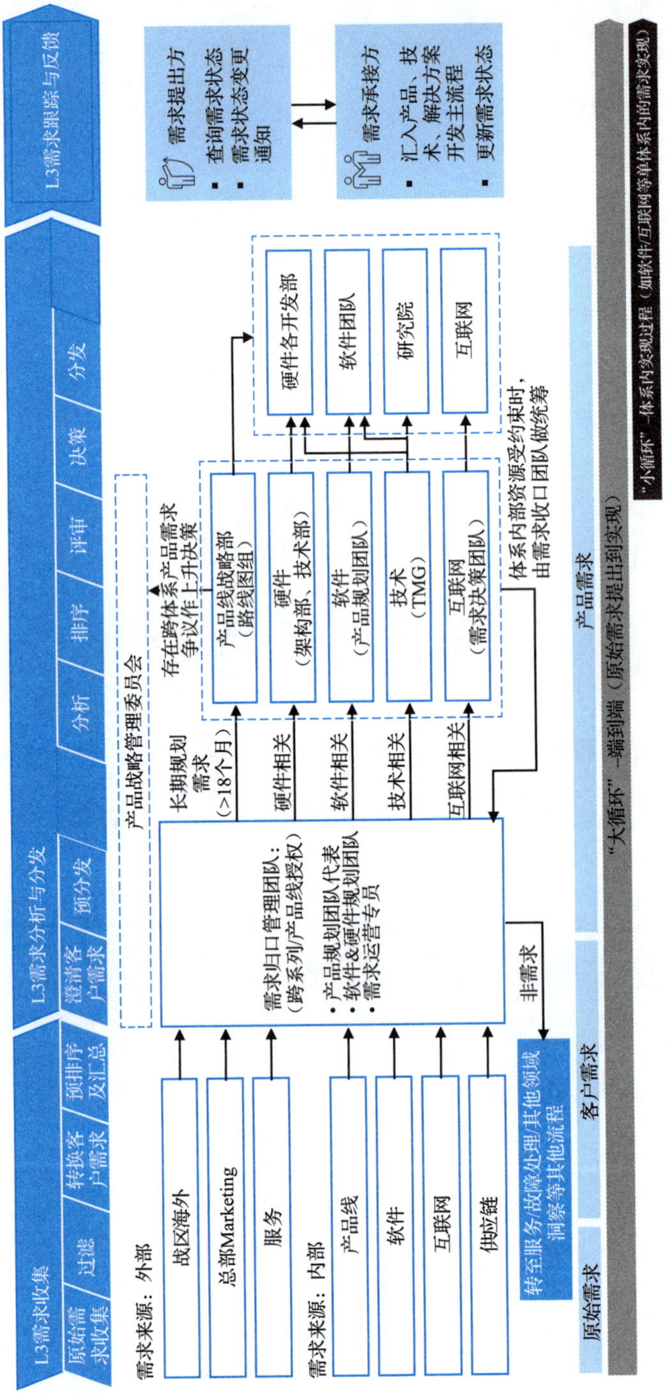

图 11-11 “需求管理”流程的保障体系

同时明确流程各关键角色的职责和能力要求，如图 11-12 所示。

岗位	职责	关键能力要求
产品线规划部长	• 对需求内容及价值做预审 • 对边界不清的需求做判断	• 突出的领域业务能力 • 协调沟通能力
产品经理	• 与提出方澄清客户需求 • 分析需求性质	• 需求澄清分析能力 • 客户需求转产品需求能力 • 沟通协调能力
质量运营经理	• 定期组织复盘需求流转情况 • 监督需求管理相关组织运作，确保符合流程及相关规范 • 识别需求管理流程中的改善点	• 熟知需求管理流程 • 具备基础业务知识 • 沟通协调能力

图 11-12 “需求管理”流程各关键角色的职责和能力要求

11.5.2 利用 IT 工具固化

将流程、角色、操作规则都通过 IT 工具进行固化，利用 IT 工具的数据记录流程运行的过程，并从记录中发现需要优化的内容，逐步迭代优化。

IT 工具的覆盖及支持水平在不同的流程模块中有所不同，采用热力图用不同颜色对各模块进行标识，便于指导后续 IT 工具建设，如图 11-13 所示。

以图 11-13 中 L2 层级的“需求管理”模块为例，它对该领域起着整体牵引作用，是一个重要模块。与此同时，该流程模块的 IT 支持程度却很差，亟须加强。图 11-14 简单示意了如何借助研发管理平台来支持和固化需求管理流程。

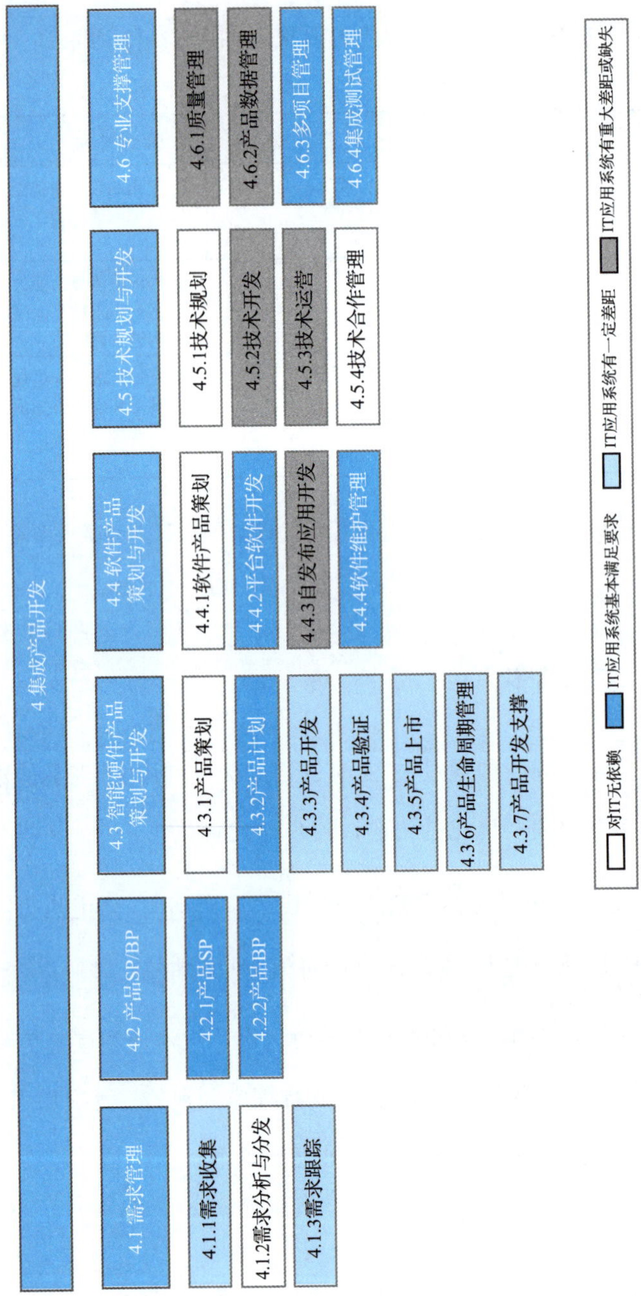

图 11-13　IT 工具对流程的支持程度（热力图）

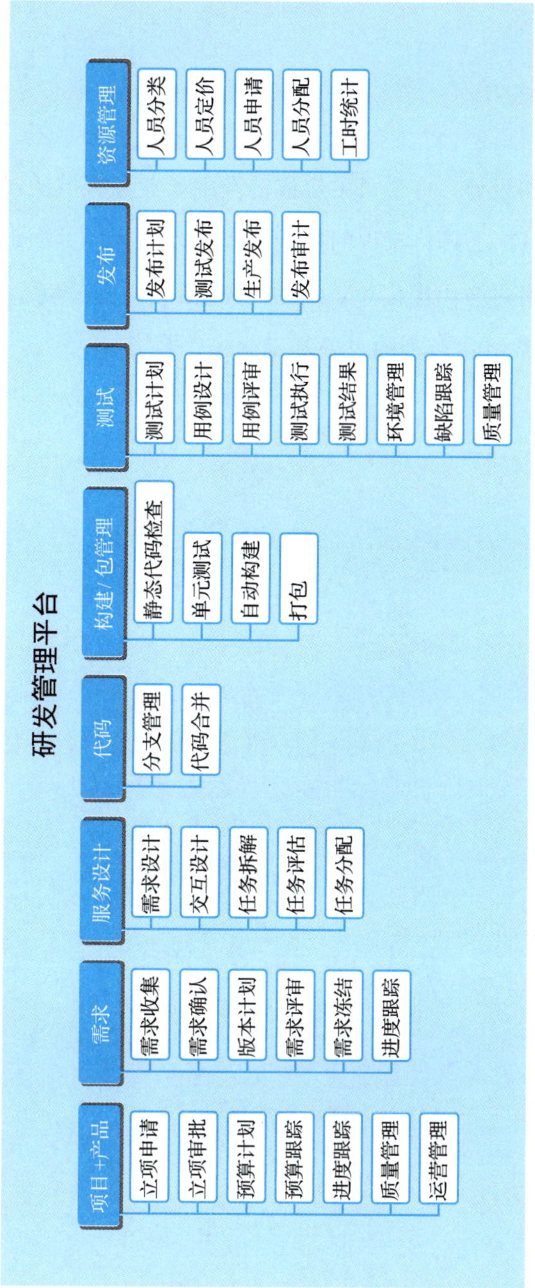
研发管理平台
项目+产品
立项申请
立项审批
预算计划
预算跟踪
进度跟踪
质量管理
运营管理
需求
需求收集
需求确认
版本计划
需求评审
需求冻结
进度跟踪
服务设计
需求设计
交互设计
任务拆解
任务评估
任务分配
代码
分支管理
代码合并
构建/包管理
静态代码检查
单元测试
自动构建
打包
测试
测试计划
用例设计
用例评审
测试执行
测试结果
环境管理
缺陷跟踪
质量管理
发布
发布计划
测试发布
生产发布
发布审计
资源管理
人员分类
人员定价
人员申请
人员分配
工时统计

图 11-14　通过研发管理平台固化“需求管理”流程

11.6 案例小结

V 公司通过业务架构设计，将公司主价值链及主要业务领域的流程框架较为完整地搭建起来，同时以一系列 IT 工具将流程的执行过程予以固化，并通过对执行过程中记录的审视，逐步推进公司流程的迭代优化。V 公司所构建的这一套体系，有力地支撑了 V 公司的发展，也成为 V 公司数字化转型的重要基础。

12

第 12 章 T 公司业务架构实践案例

2020 年全球新冠病毒疫情暴发，极大地影响了全球范围内的经济活动。作为遏制病毒传播的有效措施，各国政府都相继采取了“经济活动停摆”的政策，从而直接或间接地引发了全球供应链断链的危机。由此可见，供应链不仅仅是企业经营关于产品、供应链和营销三大核心板块中的中坚部分，更是市场经济背景下的产业资源配置手段。在全球经济一体化的今天，供应链全球化的结果在很大程度上使得各国产业相互依存，其产业风险和依存度的高低成正比。正是因为如此，部分国家的政府，包括大型跨国企业在内，又重新审视和反思本国或企业产业供应链的历史和现状，提出重组供应链的战略设想。

思考和判断企业的供应链重组战略是否合适，或许可从供应链的历史演进过程中寻求答案。

本章涉及的主要内容有：

- 供应链的演化与发展；
- T 公司供应链的模式演化案例分析；
- 案例小结。

12.1 供应链的演化与发展

供应链演进的历史发展轨迹如表 12-1 所示。

表 12-1 供应链演进历史

时间	供应链的模式或形态
1933 年以前	采购作为一项职业进入管理系统（采办）；高等学校开设专业课程，标志着采购和供应成为企业管理的内容而逐渐受到关注
1935—1945 年	战时后勤补给的效率研究进入物流管理
1945—1969 年	库存和产品成本开始进入采购和供应管理；集装箱和标准托板进入运输行业；IBM 推出 MRP 系统，标志着信息技术进入采购和库存管理
1970—1979 年	供应链概念形成和普及的阶段。除了效率、库存和产品成本，产品质量也作为采购和供应的元素进入供应链管理系统
1980—1999 年	20 世纪 70 年代末和 80 年代初，全球经济一体化进程加快，信息技术提高了存货管理能力。工业自动化促进了行业垂直细分，从而外包开始成为供应链管理的新课题。这时期涌现出一些比较经典的管理模型，比如： 1995 年，费恩（Charles H.Fine）提出脉动速度； 1996 年，国际供应链协会（SCC)发布 SCOR 模型； 1997 年，费雪（Marshall L.Fisher）提出供应链匹配矩阵
2000 年—今天	受波特价值链的理论影响，供应链管理从内部流程梳理转向价值提升，从单向供应链向供应网络转变，从而使供应链管理成为企业的重大战略决策主要领域

12.2 T 公司供应链的模式演化案例分析

12.2.1 企业简介

T 公司成立于 1998 年，自主研发、生产科技智能产品。产品系列从早期的面向工业品市场，到近几年拓展延伸到家居智能产品市场。销售、服务覆盖欧洲、南北美洲、澳洲及东亚的全球分销网络，产品年销量超过 500 万套。公司的核心人才队伍由成熟的管理团队成员和年轻充满活力的研发技术人员、销售人员构成。公司拥有占地 100 亩的科技产业园，厂房及行政办公大楼面积近 13 万平方米，满足公司未来的发展需要。

12.2.2 T 公司面临的挑战

T 公司是典型的离散型高新技术制造企业。在制造行业微利时代，伴随着近几年全球经济一体化带来的市场环境变化，企业持续发展面临极大的挑战。

- 第一，产品技术更新迭代很快，内部研发人才培养速度慢，外部招聘人才难，造成现有的产品研发能力难以保持竞争优势。
- 第二，市场需求多品种、小批量，订单产品定制化已呈现常态化。同时，订单交付周期要求越来越短。销售和管理人才成长速度慢，内部运作效率低，应对快速交付压力越来越大。
- 第三，材料成本、人力成本逐年上升，但产品售价却很难上涨，利润空间极其有限。出口产品订单结算方式越来越多地由原来的预付款或货到付款，到后来的月结、季度结算，发展到现在甚至半年结算，现金流周转越来越慢。
- 第四，产品的快速迭代增加生产制造的难度，同时一线员工流动性大影响操作的熟练程度，两者叠加，对生产效率产生很大的影响，也给产品质量带来巨大的风险。低效率产出增加制造成本是不争的事实。

12.2.3 T 公司供应链的模式变化

如图 12-1 所示，从 T 公司发展中经历供应链的几个阶段，我们不难发现，初创期的采购供应只是作为一项传统管理职能的辅助部分，这一时期企业的焦点在产品研发、市场推广、销售和财务管理等，采购供应更多关注的是采购价格和满足生产运行，实现客户订单交付，尚未形成供应链的模式。

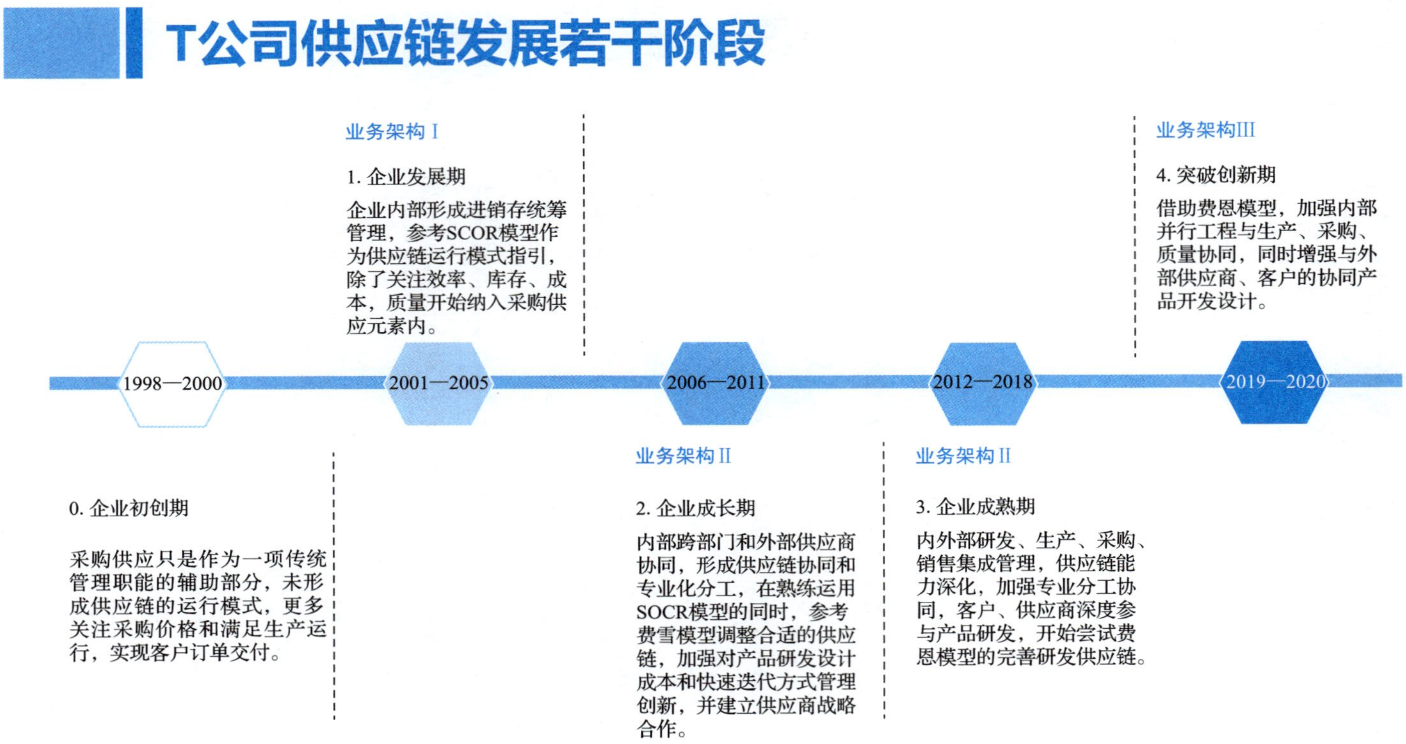

T公司供应链发展若干阶段
1998—2000
0. 企业初创期
采购供应只是作为一项传统管理职能的辅助部分，未形成供应链的运行模式，更多关注采购价格和满足生产运行，实现客户订单交付。
2001—2005
业务架构Ⅰ
1. 企业发展期
企业内部形成进销存统筹管理，参考SCOR模型作为供应链运行模式指引，除了关注效率、库存、成本，质量开始纳入采购供应元素内。
2006—2011
业务架构Ⅱ
2. 企业成长期
内部跨部门和外部供应商协同，形成供应链协同和专业化分工，在熟练运用SOCR模型的同时，参考费雪模型调整合适的供应链，加强对产品研发设计成本和快速迭代方式管理创新，并建立供应商战略合作。
2012—2018
业务架构Ⅱ
3. 企业成熟期
内外部研发、生产、采购、销售集成管理，供应链能力深化，加强专业分工协同，客户、供应商深度参与产品研发，开始尝试费恩模型的完善研发供应链。
2019—2020
业务架构Ⅲ
4. 突破创新期
借助费恩模型，加强内部并行工程与生产、采购、质量协同，同时增强与外部供应商、客户的协同产品开发设计。

图 12-1　T 公司的供应链发展阶段

下面重点结合 T 公司供应链发展中所呈现的三个业务架构特征进行分析和探讨。

12.2.3.1　2001—2005 年发展期的供应链业务架构（业务架构 I）

1. T 公司在 2001—2005 年的供应链特征

T 公司在 2001—2005 年迎来快速发展阶段，相比在初创期单纯追求采购价格和满足生产的粗放式管理，采购供应已经不能满足日益增长的订单交付需求。

采购的物料质量问题对制造成本带来的间接影响突出。在初创期订单不饱和的情况下，很多零部件基本自制，尽管总成本比外购更高一些，相对于闲置内部的人力和设备资源，却是一个比较好的选项。但是，在快速发展期，订单快速增加，现有产能无法满足订单交付需求；同时，采购成本策略也需要快速做出调整。基于这些前提，开始考虑建立供应链管理体系，并选择 SCOR 模型作为参考，如图 12-2 所示。

2. SCOR 模型介绍及应用

SCOR（Supply-Chain Operations Reference Model）是由国际供应链协会（Supply-Chain Council，SCC）开发并支持，适用于不同工业领域的供应链运作参考模型。1996 年春，两个位于美国波士顿的咨询公司——Pittiglio Rabin Todd & McGrath（PRTM）和 AMR Research（AMR）为了帮助企业更好地实施有效的供应链，实现从基于职能管理到基于流程管理的转变，牵头成立了供应链协会（SCC），并于当年底发布了供应链运作参考模型（SCOR）。

SCOR 是第一个标准的供应链流程参考模型，它捕捉了供应链管理的共识，并提供了一个独特的框架，将业务流程、绩效指标、最佳实践和技术连接到一个统一的框架中，以支持供应链的合作伙伴之间的沟通协同，提高供应链管理，改进活动的有效性。所以，SCOR 模型是供应链的诊断工具，它涵盖了所有行业。SCOR 模型使企业间能够准确地交流供应链问题，客观地评测其性能，确定性能改进的目标，并影响今后供应链管理软件的开发。[①]

SCOR 模型中的一个层次化流程模型如图 12-3 所示。

[①] APICS. SCOR supply chain operations reference model (version 12.0), 2017.

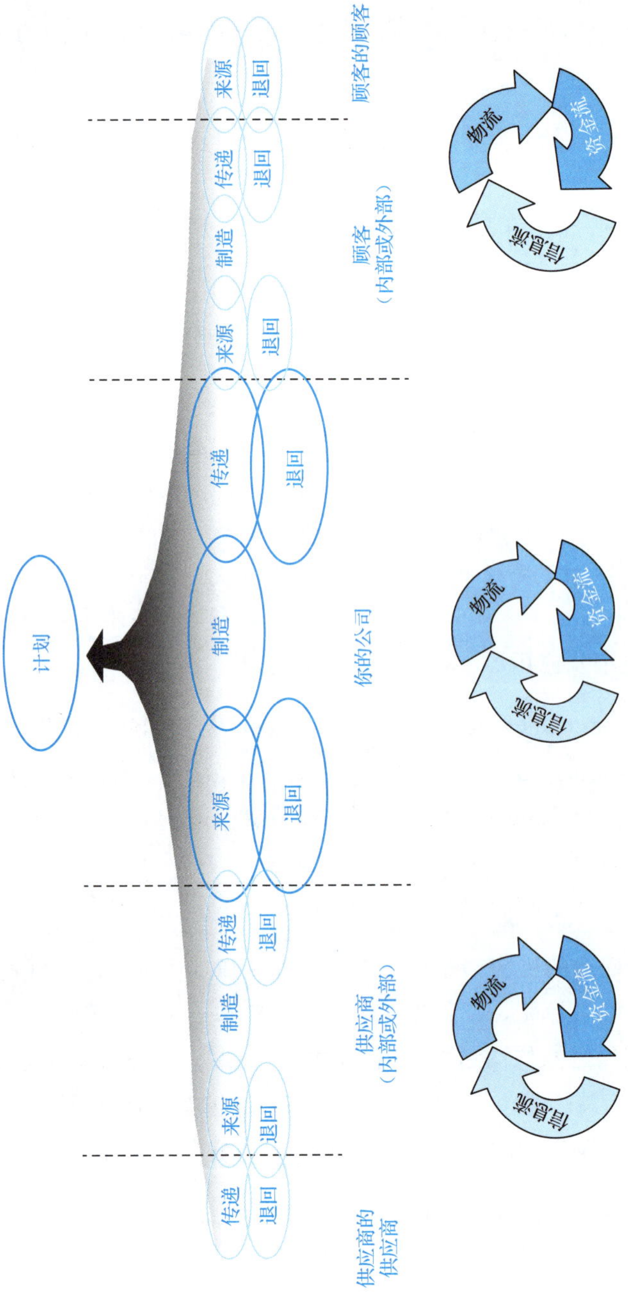

图 12-2 SCOR 模型

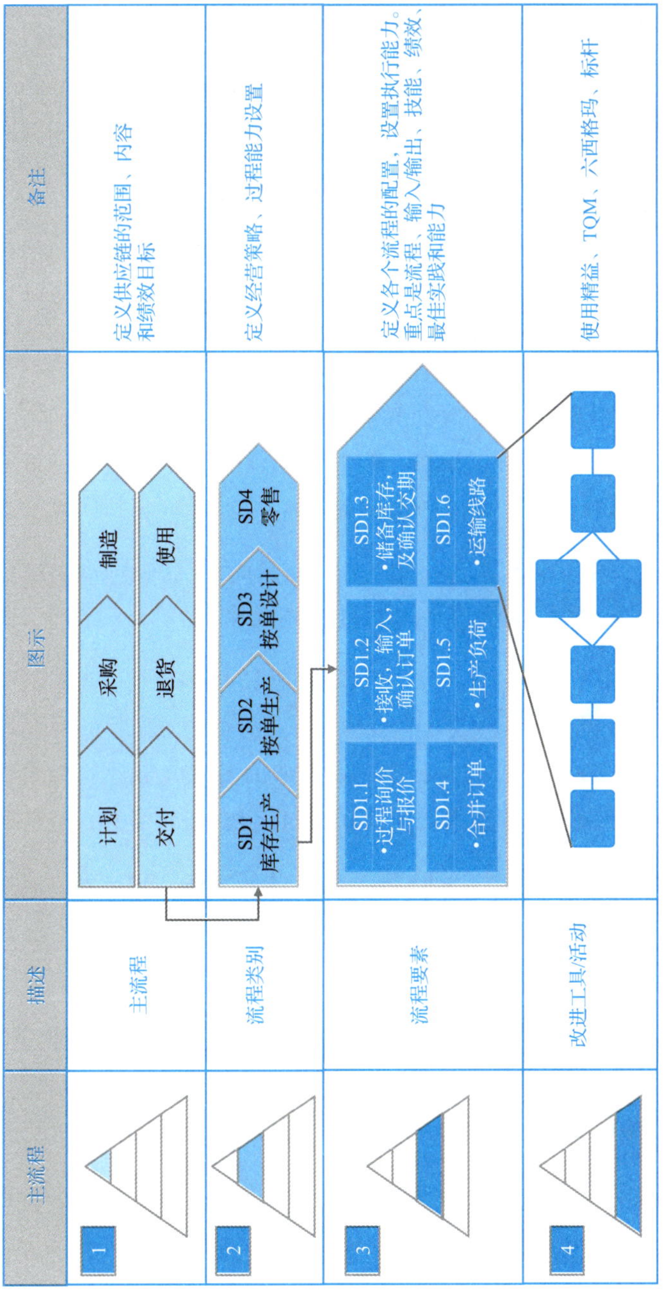
主流程
描述
图示
备注
1
主流程
计划
采购
制造
交付
退货
使用
定义供应链的范围、内容和绩效目标
2
流程类别
SD1 库存生产
SD2 按单生产
SD3 按单设计
SD4 零售
定义经营策略、过程能力设置
3
流程要素
SD1.1 •过程询价与报价
SD1.2 •接收，输入，确认订单
SD1.3 •储备库存，及确认交期
SD1.4 •合并订单
SD1.5 •生产负荷
SD1.6 •运输线路
定义各个流程的配置，设置执行能力。重点是流程、输入输出、技能、绩效、最佳实践和能力
4
改进工具/活动
使用精益、TQM、六西格玛、标杆

图 12-3　SCOR 模型的层次化流程模型

SCOR 模型整体是围绕供应链的，服务于供应链领域（L1 层级）。

- SCOR 模型分解的第 1 层-主流程（对应本书弹性业务分层体系的 L2-流程组），包括计划、采购、生产、发运、退货。
- SCOR 模型分解的第 2 层-流程类别（对应本书弹性业务分层体系的 L3-流程），该层是关键，它决定了所属层流程组的能力。该层级由 26 个核心流程组成，涵盖了库存生产、订单生产和订单定制的来源、生产和交付流程，以及退货流程中的缺陷、维修和过剩产品。
- SCOR 模型分解的第 3 层-流程要素（对应本书弹性业务分层体系的 L3.5-子流程），在流程基础上进行分解，指按一定顺序执行的过程步骤，包括采购材料、制作产品、提供产品和服务、处理产品退货。
- SCOR 模型分解的第 4 层-改进工具/活动（对应本书弹性业务分层体系的 L4-活动），企业可以在子流程中定义活动的标准过程描述。

3. 供应链领域：业务架构 I

T 公司在 2001—2005 年企业发展期，参考如上 SCOR 模型，结合企业自身产品的特性，制定了图 12-4 所示的业务架构来支持供应链运作。【定义为：业务架构 I】

T 公司在发展期阶段按业务架构 I 推动供应链管理体系化，使当时较为突出的质量、成本、交付问题逐步得到缓解和改善。

12.2.3.2 2006—2011 年成长期供应链管理优化调整（业务架构 II）

1. T 公司在 2006—2011 年的供应链特征

T 公司在 2006—2011 年这一时期处于成长期阶段，供应链的运作在原有的关注点基础上，加强产品数据管理，重点关注产品研发设计成本和快速迭代方式，以及建立供应商战略合作（包括质量、价格、交付）。这个阶段的运行仍是以 SCOR 模型为主要参考模型，同时借鉴费雪（Marshall L. Fisher）模型，以寻找供应链上的一些优化机会。

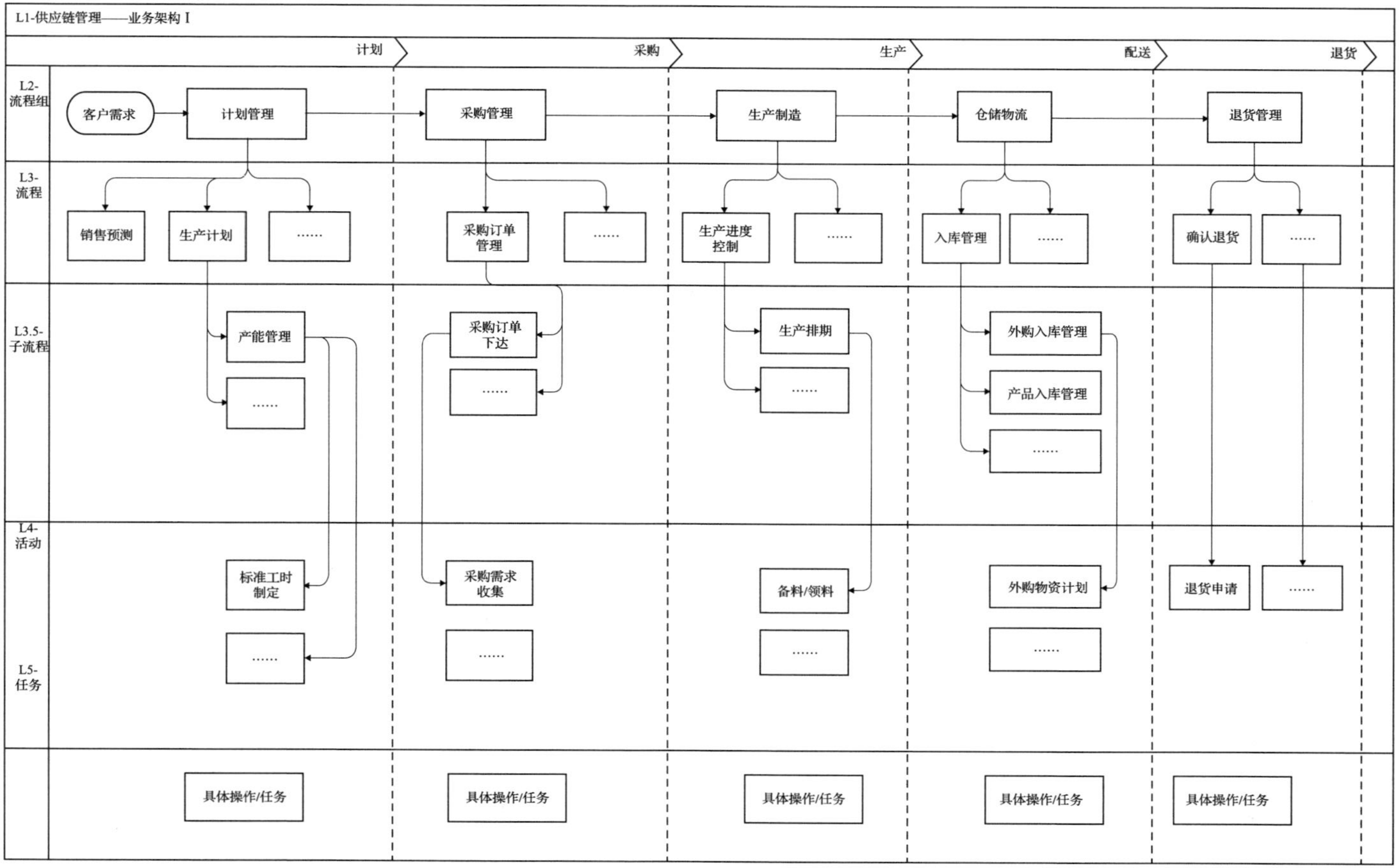

图 12-4　T 公司供应链领域业务架构 I 示意图

2. 费雪模型介绍及应用

费雪模型，也称供应链匹配矩阵。通过这个框架帮助管理者理解产品需求的性质并设计出能最大化满足需求的供应链。产品根据需求模式，分为功能性产品和创新性产品，每个不同类型的需求的供应链，都具有不同的特征。因此，供应链分为效率型供应链和响应型供应链，对应形成了图 12-5 所示的矩阵。①

	功能性产品（可预测性高）	创新性产品（可预测性低）
效率型供应链	匹配	不匹配
响应型供应链	不匹配	匹配

图 12-5　费雪模型

根据费雪模型，结合公司自身产品特性，对部分工艺成熟、质量稳定并且需求量大的半成品，以库存生产的方式运作，采用“效率型供应链”方式进行运作。并且，部分品类由自制转向委外加工，一方面释放企业内部产能，另一方面使得专业领域行业细分成本更具有优势。应对后工段的产品组装工艺，根据订单需求生产或定制类订单，则采用“响应型供应链”方式运作。由此，对产品研发设计部门在模块化设计、标准化加工等方面提出了更高的要求。同时，供应链的运作模式随之做出调整、优化。

3. 供应链领域：业务架构 II

T 公司在这一时期的供应链运作仍以 SCOR 模型应用体系为主导，在整体供应链业务架构基础上增加了供应链的能力设计部分，制定如图 12-6 所示的业务架构支持供应链运作。【定义为：业务架构 II】

① Marshall L. Fisher. 合适的产品供应链[J]. 哈佛商业评论，1997，3/4 月号.

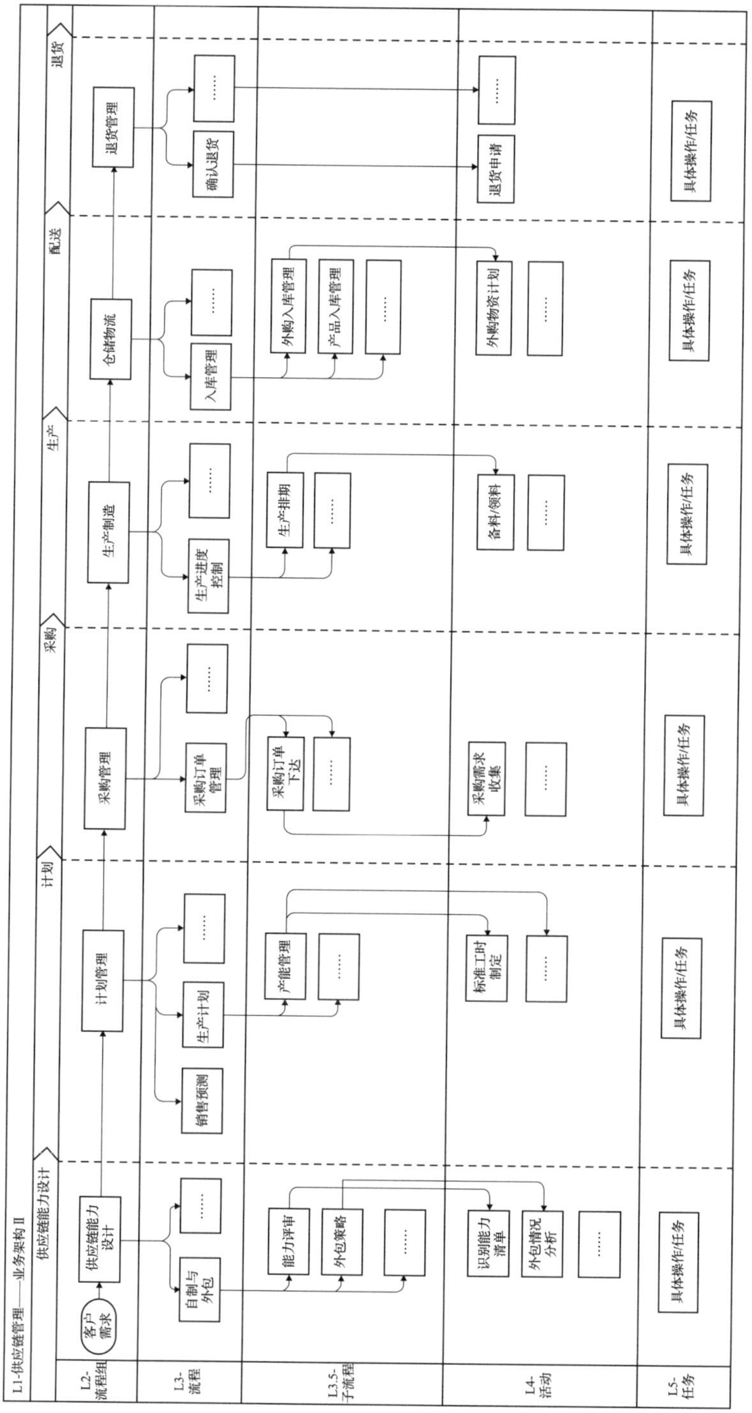

图 12-6 T 公司供应链领域业务架构 II 示意图

T 公司在成长期阶段按照业务架构Ⅱ来优化供应链，一方面，通过梳理、定义、识别功能性的产品、半成品，并采用效率型供应链运作，为快速响应市场需求提供基础。另一方面，通过梳理、定义、识别创新性产品、半成品，采用响应型供应链运作，极大地满足了市场的需求和订单交付。整体上，还推动了产品研发设计部门在模块化设计、标准化加工方面水平的提高，这些都是降本增效的关键基础。但是，如果按如上这些目标来优化供应链，需要对产品管理数据进行全面的梳理、识别、定义，对供应链流程、研发管理流程、计划生产流程等都需要全面梳理、优化，是一项工作量不小的工程，需要投入的各项资源都是挑战。

2012—2018 年，企业发展进入成熟期，包括质量管理体系、研发管理体系、生产制造运行体系等各类管理体系也逐步磨合稳定。2011 年开始外包部分产品软件程序开发工作给专业供应商，从 2013 年开始，为了改善产品结构件生产工艺的适应性和适时运用新型材料等，开启结构件设计联合供应商参与，共同开发；同时，随着产品定制化频度越来越高，为了改善产品设计过程的确认与反复修改，开启客户协同参与设计。在这一期，逐步形成跨组织协同，但仍然是在业务架构Ⅱ基础上运行和扩展。

12.2.3.3　2019—2020 年探索供应链管理突破创新（业务架构Ⅲ）

1. T 公司在 2019—2020 年的供应链特征

随着跨部门、跨组织协同的业务范围越来越广，供应链的运行效率变得迟缓，按原有的流程在多个节点上出现失控，导致市场或客户的需求响应慢或交付不及时。在产品开发设计的协同上，研发外包供应商的协同程度不受控，结构设计与物料生产加工供应商在交付、质量上存在很多异常，导致很多客户订单无法按时交付或取消。销售业绩持续下滑。为此，公司管理团队专题讨论如何突破这种困境，提出对供应链价值重构。

费恩模型强调计划、生产、研发三维协同。传统企业管理采用科层制组织方式，企业注重长远规划、分步有序实施。近几年，随着环境变化速度越来越快，敏捷工作方式、矩阵型组织在企业管理中被广泛应用，费恩模型才逐渐被人们关注和尝试运用。

T 公司基于当前供应链管理运行遇到的瓶颈，借助费恩模型，把产品的设计、制程的设计与供应链的设计同步考虑，以强化整体能力。

2. 费恩模型介绍及应用

麻省理工学院费恩（Charles H.Fine）1997 年出版著作 *Clockspeed: Winning Industry Control in the Age of Temporary Advantage*。他在价值链的基础上，将企业供应链管理提高到企业竞争要素和资源配置的高度，分为能力供应链（Capability Supply Chain）、交付供应链（Fulfillment Supply Chain）及产品研发供应链（Product Development Chain）。费恩的思想是相关企业相互协同，发挥各自的价值，令“供应链”成为虚拟企业的具体定义。在这一理论框架下，根据产品和其构成产品零部件的迭代速度，费恩指出企业的供应链本质上是这三种供应链的组合，如图 12-7 所示。[①]

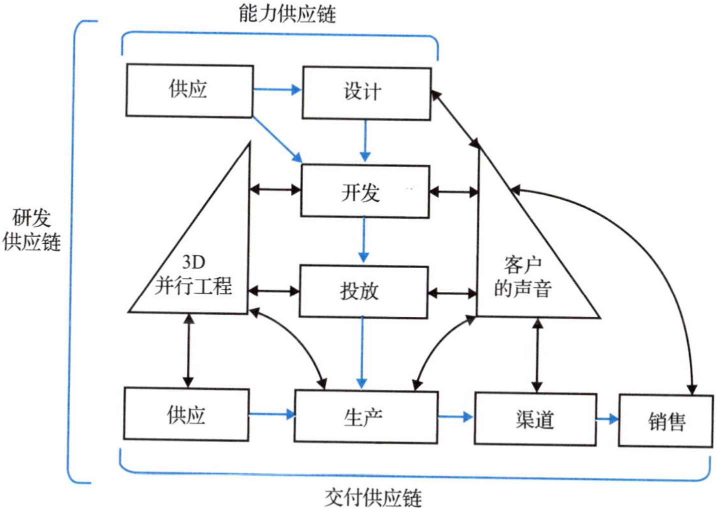

图 12-7　费恩模型

[①] Charles H.Fine.Clockspeed: Winning Industry Control in the Age of Temporary Advantage[M]. Publisher: PERSEURS,1998.

T 公司运用费恩模型，结合自身情况，对三条供应链进行重新整合。

（1）能力供应链。

为了增强公司的竞争优势，在产品研发、销售、生产制造价值链上，结合自身的能力重新制定策略，比如：哪些环节实行自主研发，哪些实行外包研发；哪些部件或半成品采用自制，哪些采用委外加工，等等。

（2）研发供应链。

基于能力供应链制定的策略，产品研发涉及核心技术或商业机密的部分，由公司团队研发设计开发。产品结构硬件加速推动模块化设计，联合供应商、客户协同设计，积极探索运用新型材料，持续改善产品结构带来的质量问题与成本管控。产品软件程序开发，协同芯片方案厂商、集成商联合开发设计。这一系列变动和调整，推动了与相关供应商、客户的协同机制的重造。

（3）交付供应链。

采购供应-生产制造-渠道-销售方面，经过顶层的能力供应链重构，研发供应链重构，整体运营能力逐步满足交付链能力。

3. 供应链领域：业务架构Ⅲ

T 公司在这一时期的供应链运作框架还是基于 SCOR 模型框架体系，但在整体供应链运作过程中融合了费雪模型和费恩模型，形成如图 12-8 所示的业务架构来支持供应链运作。【定义为：业务架构Ⅲ】

T 公司在成熟期阶段遇到瓶颈寻求创新突破时，按照业务架构Ⅲ推动供应链重构。有了前面两次的供应链改善提升和优化的经历，这一次的供应链重构以循序渐进的方式有序推进。但在实际推进过程中，面对多个利益相关者（股东、供应商、客户等）的诉求和压力，遇到的困难还是很大的。除了多方协同的流程、平台，各方利益分配机制是关键，否则可能会适得其反。T 公司在供应链重构过程中，客户的协同相对容易操作，但与供应商进行协同时利益分配机制是一个难点，相关利益分配机制还在探索尝试阶段，需要不断去平衡和修正。总体来说，尽管困难很多，但这种协同创新机制还是非常值得大家去实践探索的。

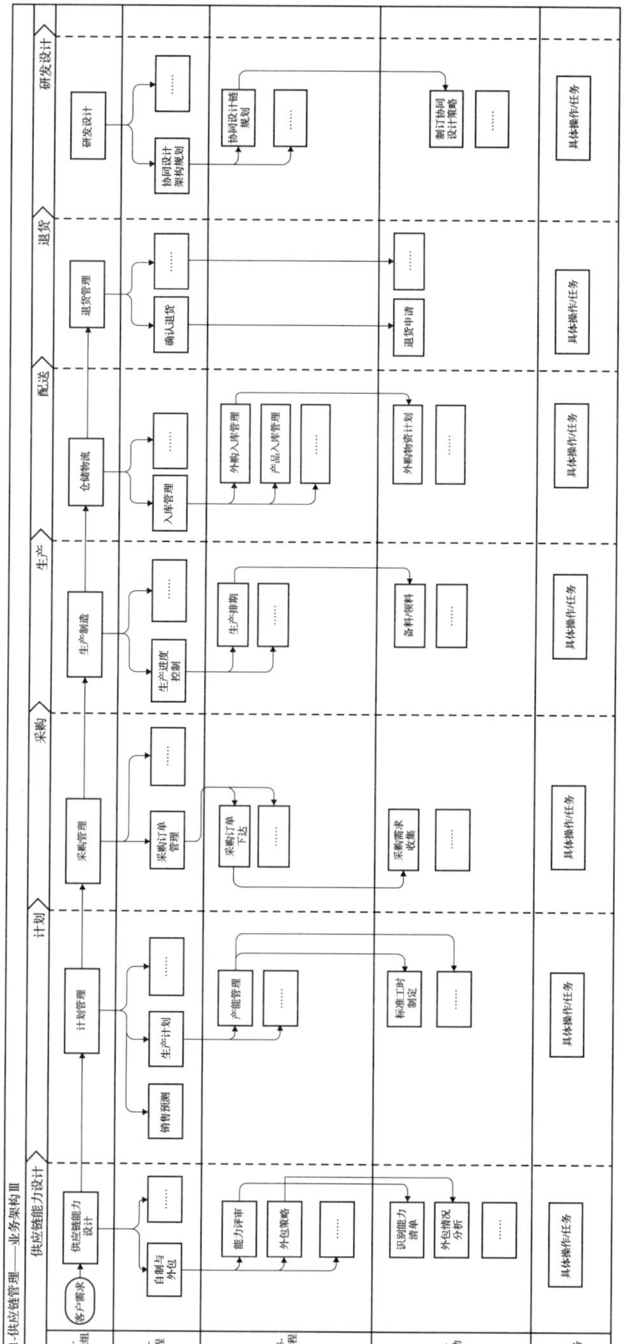

图 12-8　T 公司供应链领域业务架构Ⅲ示意图

12.3 案例小结

从供应链演进的历史发展轨迹来看，不同时代大环境下的供应链运作模式有所差异，企业需要关注时代发展、技术变革所带来的工具、平台环境及合作模式的创新与突破。

另外，每个企业自身发展所处的时期、阶段不同，采用的供应链运作模式也会有差异。企业需要结合自身发展的需求、特点，适时适度地进行策略调整以支持企业业务的良性可持续发展。表 12-2 对 T 公司发展过程中的供应链运作模式及业务架构演变进行了汇总，可作为参考。

表 12-2　T 公司供应链运作模式及业务架构演变

企业不同发展时期	供应链的运作模式	组织职能	供应链管理关注点	业务架构应用
1998—2000（初创期）	以采购、生产为主，满足客户订单交付	传统垂直职能	· 采购供应价格 · 满足生产运行和订单交付	
2001—2005（发展期）	内部形成进销存统筹管理	传统垂直职能、内部跨部门协同	· 采购成本、效率、库存 · 采购质量	业务架构 I
2006—2011（成长期）	供应链协同，开始供应链的能力规划，专业化分工	内部跨部门协同、外部供应商协同	· 供应链的能力规划设计 · 采购成本、效率、库存、质量 · 产品数据管理、研发设计成本管控和产品快速迭代模式 · 供应商战略合作（质量、价格、交付）	业务架构 II
2012—2018（成熟期）	供应链集成，加强专业化分工，软件、硬件研发设计部分外包、协同	内部跨部门协同、外部跨组织协同	· 供应链的能力整体优化 · 运输配送协同 · 探索产品设计开发与供应商协同 · 探索产品设计开发与客户协同	业务架构 II
2019—2020（突破创新）	供应链的价值重构	企业上下游生态协同	· 研发、采购、生产、销售内部、外部、上游、下游协同 · 研发、生产、供应链协同	业务架构III

附录 A

业务架构常用术语中英文对照参考表

在业务架构领域，国外的理论体系发展较早。在学习国外相关知识体系的过程中，会涉及中英文术语翻译的问题，我们整理出常用术语中英文对照表，方便大家参考，后续会根据需要持续补充和完善。在此也特别感谢周金根、金毅、傅盛、郭宏、林奎等老师和专家参与中英文对照参考表的梳理并给出反馈和指导建议！

术语编号	术语缩写	术语_英文	术语_中文（参考）
BA-001		Activity	活动
BA-002		Agile Product Delivery	敏捷产品交付
BA-003	ART	Agile Release Train	敏捷发布火车
BA-004		Agile Team	敏捷团队
BA-005	APQC	American Productivity & Quality Center	美国生产力与质量中心
BA-006	AA	Application Architecture	应用架构
BA-007	ADM	Architecture Development Method	架构开发方法

续表

术语编号	术语缩写	术语_英文	术语_中文（参考）
BA-008		BA Guild	业务架构协会
BA-009	BSC	Balance Score Card	平衡计分卡
BA-010		Built-In Quality	内建质量
BA-011		Business Agility	业务敏捷
BA-012	BA	Business Architecture	业务架构
BA-013	BIZBOK	Business Architecture Body of Knowledge	业务架构知识体系
BA-014		Business Architecture Framework	业务架构框架
BA-015		Business Architecture Knowledgebase	业务架构知识库
BA-016		Business Architecture Practitioner	业务架构从业者
BA-017		Business Artifact	业务工件
BA-018		Business Asset	业务资产
BA-019		Business Blueprint	业务蓝图
BA-020		Business Design	业务设计
BA-021		Business Ecosystem	商业生态系统
BA-022	BEM	Business Execution Model	业务执行力模型
BA-023	BLM	Business Leadership Model	业务领导力模型
BA-024		Business Model	商业模式
BA-025		Business Model Canvas	商业模式画布
BA-026		Business Model Framework	商业模式框架
BA-027		Business Object	业务对象
BA-028		Business Owner	业务负责人
BA-029		Business Process	业务流程

续表

术语编号	术语缩写	术语_英文	术语_中文（参考）
BA-030	BPMN	Business Process Model and Notation	业务流程模型及符号
BA-031	BPR	Business Process Re-Engineering	业务流程再造
BA-032		Business Service	业务服务
BA-033	BU	Business Unit	业务单元
BA-034		Business/IT Architecture Alignment	业务/ IT 架构对齐
BA-035		Capability	能力
BA-036		Capability Behavior	能力行为
BA-037		Capability Instance	能力实例
BA-038		Capability Level	能力等级
BA-039		Capability Map	能力地图
BA-040		Capability Supply Chain	能力供应链
BA-041		Capability Tier	能力层
BA-042		Case Management	案例管理
BA-043		Climate and Culture	氛围与文化
BA-044		Collaborative Team	协作团队
BA-045	CBM	Component Business Model	组件化商业模式
BA-046		Context	上下文
BA-047	CDP	Continuous Delivery Pipeline	持续交付流水线
BA-048	CD	Continuous Deployment	持续部署
BA-049	CI	Continuous Integration	持续集成
BA-050		Continuous Learning Culture	持续学习文化
BA-051		Core Values	核心价值

续表

术语编号	术语缩写	术语_英文	术语_中文（参考）
BA-052	CRUD	Create-Read-Update-Delete	创建-读取-更新-删除
BA-053		Critical Tasks	关键任务
BA-054		Cross section	切片
BA-055		Customer	客户
BA-056		Customer Centric	以客户为中心
BA-057	CRM	Customer Relationship Management	客户关系管理
BA-058		Customer Selection	客户选择
BA-059	DA	Data Architecture	数据架构
BA-060	DAMABOK	Data Mananement Body of Knowledge	数据管理知识体系
BA-061	DoDAF	Department of Defense Architecture Framework	DoDAF 框架
BA-062		Design Thinking	设计思维
BA-063		Discipline	学科
BA-064	DDD	Domain-Driven Design	领域驱动设计
BA-065		Drill-down analysis	向下钻取分析
BA-066		Enterprise	企业
BA-067	EA	Enterprise Architecture	企业架构
BA-068		Enterprise Solution	企业级解决方案
BA-069		Entity	实体
BA-070		Event	事件
BA-071	FEAF	Federal Enterprise Architecture Framework	FEA 框架
BA-072		Formal Organization	正式组织
BA-073		Foundation	基石

续表

术语编号	术语缩写	术语_英文	术语_中文（参考）
BA-074		Fulfillment Supply Chain	交付供应链
BA-075		Function	功能
BA-076	FR	Functional Requirements	功能性需求
BA-077		Generalizations	抽象和概括
BA-078		High Level	高阶
BA-079		Information	信息
BA-080		Information Concept	信息概念
BA-081		Initiative	举措
BA-082		Initiative Mapping	举措映射
BA-083		Innovation Focus	创新焦点
BA-084	IFS	Integrated Finance	集成财经
BA-085	IPD	Integrated Product Development	集成产品开发
BA-086	ISC	Integrated Supply Chain	集成供应链
BA-087		IT Architecture	IT 架构
BA-088		Iteration	迭代
BA-089		Iteration Execution	迭代执行
BA-090		Iteration Planning	迭代计划
BA-091		Iteration Retrospective	迭代回顾
BA-092		Iteration Review	迭代评审
BA-093	KCP	Key Control Point	关键控制点
BA-094		Lag Indicators	滞后指标
BA-095		Lead Indicators	领先指标

续表

术语编号	术语缩写	术语_英文	术语_中文（参考）
BA-096		Lean	精益
BA-097		Lean Portfolio Management	精益投资组合管理
BA-098	LSS	Lean Six Sigma	精益六西格玛
BA-099		Lean Value Stream	精益价值流
BA-100		Lean-Agile Leadership	精益敏捷领导力
BA-101		Lean-Agile Mindset	精益敏捷理念
BA-102		Lean-Agile Principles	精益敏捷原则
BA-103		Map	地图
BA-104		Mapping	映射
BA-105		Market Insight	市场洞察
BA-106		Matrix Diagrams	矩阵图
BA-107		Matrix Organization	矩阵型组织
BA-108		Measure	测量
BA-109		Metamodel	元模型
BA-110		Methodology	方法论
BA-111		Metric	指标
BA-112		Microservices	微服务
BA-113		Milestone	里程碑
BA-114		Milestone Schedule	里程碑进度计划
BA-115		Mind-Map	思维导图
BA-116		Mission	使命
BA-117		Model	模型

续表

术语编号	术语缩写	术语_英文	术语_中文（参考）
BA-118		Monitor	监督/监控
BA-119	NFR	Nonfunctional Requirements	非功能性需求
BA-120	OMG	Object Management Group	对象管理组织
BA-121		Objective	目标
BA-122		Objective Map	目标地图
BA-123	O-BA	Open Business Architecture	开放式业务架构
BA-124		Operating Model	运营模型
BA-125		Organization	组织
BA-126		Organization Map	组织地图
BA-127		Organizational Agility	组织敏捷
BA-128	OBS	Organizational Breakdown Structure	组织分解结构
BA-129		Outcome	成果
BA-130	ODBA	Outcome-Driven Business Architecture	结果驱动业务架构
BA-131		Participating Stakeholder	参与型利益相关者
BA-132		Perspective	视图
BA-133		Policy	政策
BA-134		Policy mapping	政策映射
BA-135		Portfolio	项目组合
BA-136		Portfolio Kanban	项目组合看板
BA-137		Portfolio Management	项目组合管理
BA-138		Practitioner	从业者
BA-139		Primary Activities	基本活动（价值链）

续表

术语编号	术语缩写	术语_英文	术语_中文（参考）
BA-140		Process	流程
BA-141	PCF	Process Classification Framework	流程分类框架
BA-142		Process Group	流程组
BA-143		Product	产品
BA-144	PACE	Product and Cycle-time Excellence	产品及周期优化法
BA-145		Product Development Chain	产品研发链
BA-146	PLC	Product Life Cycle	产品生命周期
BA-147		Product Line	产品线
BA-148		Product Management	产品管理
BA-149	PO	Product Owner	产品负责人
BA-150		Program	项目群/程序
BA-151		Program Management	项目群管理
BA-152		Project	项目
BA-153	PMBOK	Project Management Body Of Knowledge	项目管理知识体系
BA-154	PMO	Project Management Office	项目管理办公室
BA-155	RAM	Responsibility Assignment Matrix	责任分配矩阵
BA-156	RAAI	Responsible, Accountable, Assisted, Informed	负责/批准/辅助/告知
BA-157	RACI	Responsible, Accountable, Consulted, Informed	负责/批准/咨询/告知
BA-158	ROI	Return of investment	投资回报率
BA-159		Risk	风险
BA-160	RBS	Risk Breakdown Structure	风险分解结构

续表

术语编号	术语缩写	术语_英文	术语_中文（参考）
BA-161		Risk Identification	风险识别
BA-162		Risk mitigation	风险缓解
BA-163		Roadmap	路线图
BA-164		Role	角色
BA-165		Scenario	场景
BA-166		Service	服务
BA-167		Shared Services	共享服务
BA-168		Silo	竖井/孤岛
BA-169		Six Sigma	六西格玛
BA-170		Solution	解决方案
BA-171		Solution Architecture	解决方案架构
BA-172		Stakeholder	利益相关者
BA-173	SOW	Statement Of Work	工作说明书
BA-174		Storyboard	故事板
BA-175		Strategic Intent	战略意图
BA-176		Strategy	战略
BA-177		Strategy Map	战略地图
BA-178	SWOT	Strengths,Weaknesses,Opportunities,andThreats	优势/劣势/机会/威胁
BA-179		Supplier	供应商
BA-180	SCOR	Supply-Chain Operations Reference-model	供应链运作参考模型
BA-181		Support Activities	支持活动（价值链）
BA-182		Tactic	战术

续表

术语编号	术语缩写	术语_英文	术语_中文（参考）
BA-183		Talent	人才
BA-184		Task	任务
BA-185	TA	Technical Architecture	技术架构
BA-186	TOGAF	The Open Group Architecture Framework	TOGAF 框架
BA-187		Tradeoff	平衡/折衷
BA-188		Triggering Stakeholder	触发型利益相关者
BA-189		Value	价值
BA-190		Value Capture	价值获取
BA-191		Value Chain	价值链
BA-192		Value Item	价值项
BA-193		Value Map	价值地图
BA-194		Value Network	价值网络
BA-195	VP	Value Proposition	价值主张
BA-196	VS	Value Stream	价值流
BA-197		Value Stream Stage	价值流阶段
BA-198		Vision	愿景
BA-199	WBS	Work Breakdown Structure	工作分解结构
BA-200	Zachman	Zachman Enterprise Architecture Framework	Zachman 框架